GIORDANO BRUNO

Über die Ursache, das Prinzip und das Eine

ÜBERSETZUNG UND ANMERKUNGEN
VON PHILIPP RIPPEL

ZEITTAFEL, LITERATURHINWEISE UND NACHWORT
VON ALFRED SCHMIDT

PHILIPP RECLAM JUN. STUTTGART

Die Reproduktion des Titelblatts der italienischen Erstausgabe erfolgt mit Genehmigung der Bayerischen Staatsbibliothek München.

Universal-Bibliothek Nr. 5113
Alle Rechte vorbehalten
© 1986 Philipp Reclam jun. GmbH & Co., Stuttgart
Gesamtherstellung: Reclam, Ditzingen. Printed in Germany 2000
RECLAM und UNIVERSAL-BIBLIOTHEK sind eingetragene Marken
der Philipp Reclam jun. GmbH & Co., Stuttgart
ISBN 3-15-005113-4

GIORDA-
NO BRVNO
Nolano.

De la causa, principio, et Vno.

A L' Illustrissimo Signor di Mauuissiero.

Stampato in Venetia.
Anno. M. D. LXXXIIII.

Einleitungsschreiben[1]

an den erlauchten Herrn Michel von Castelnau,[2]
Seigneur de Mauvissière, Concressault und Joinville,
Ritter des Ordens des Allerchristlichsten Königs,
Mitglied Seines Geheimen Rates,
Hauptmann über fünfzig Wachleute
und Botschafter bei der Allerdurchlauchtigsten
Königin von England[3]

Erlauchter und einzigartiger Ritter! Wenn ich meine Augen von der philosophischen Betrachtung abwende, um Eure Ausdauer, Geduld und Fürsorge zu bewundern, womit Ihr mir einen Dienst nach dem anderen und Wohltat auf Wohltat erwiesen habt – mich zu innigem Dank verpflichtend – und womit Ihr jede Schwierigkeit zu überwinden pflegt, wie auch jeder Gefahr zu entgehen wißt und alle Eure ehrenwerten Vorhaben zu einem guten Ende bringt: so beginne ich zu verstehen, wie trefflich Euch der edle Wahlspruch ansteht, der Euer gefürchtetes Wappen ziert und der den sanft verletzenden Charakter des stetig und unablässig tropfenden Wassers bezeichnet, das dank seiner Beharrlichkeit erweichend, aushöhlend, aufbrechend und glättend den Felsen bezwingt, sei er auch noch so fest, rauh, hart oder kantig.[4]
Andererseits führe ich mir vor Augen, wie Ihr – abgesehen von Euren sonstigen rühmenswerten Taten – durch göttliche Fügung und erhabene Vorsehung und Vorherbestimmung als mein entschlossener und geschickter Verteidiger die ungerechten Angriffe abwehrt, denen ich ausgesetzt bin – wozu es wahrlich heroischen Sinnes bedurfte, um nicht die Arme sinken zu lassen, zu verzweifeln und überwältigt zu werden von solch reißendem Strom gemeinster Verleumdungen, wie sie über mich ergossen wurden von dem Neid der Unwissenden, der Anmaßung der Sophisten, der Lästersucht der Böswilligen, dem Getuschel der Diener, dem Murren der Lohnarbeiter, den Nörgeleien der Dienstboten, den Unterstellungen

der Dummköpfe, den Verdächtigungen der Spitzel, dem Übereifer der Heuchler, der Mißgunst der Ungebildeten, der Wut des Pöbels, dem Zorn des Gesindels, den Klagen der Benachteiligten und dem Geschrei der Gezüchtigten; es fehlte nur noch die Empörung von seiten aufgebrachter, verstiegener und gehässiger Weiber, deren falsche Tränen wirkungsvoller zu sein pflegen als noch so hohe Wogen und heftige Stürme von Anmaßung, Neid, Lästersucht, Murren, Verrat, Zorn, Empörung, Haß und Wut. Hier nun erblicke ich in Euch den sicheren und festgegründeten Felsen, dessen erhobenes Haupt das wütende Meer überragt und der weder durch den Zorn des Himmels, noch durch die Schrecken des Winters, nicht durch schwere See, wilde Sturmböen und schneidende Nordwinde aus der Ruhe gebracht oder erschüttert wird, sondern sich noch verjüngt, stärkt und festigt. So seid Ihr mit jener doppelten Kraft begabt, durch die die anmutig rieselnden Wassertropfen übermächtig und die wilden, stürmischen Meereswogen ohnmächtig sind; durch die das massive Gestein so schwach gegenüber den Tropfen ist und der von der Brandung umtobte Fels diesen gegenüber so stark bleibt; und so seid Ihr selbst der sichere und ruhige Hafen für die wahren Musen und der verhängnisvolle Fels, an dem die tückischen Geschosse der angreifenden feindlichen Schiffe zerstieben. Ich aber, den niemand je der Undankbarkeit beschuldigen oder der Unhöflichkeit zeihen oder über den sonst einer je mit Recht sich beklagen konnte: ich werde von Dummköpfen gehaßt, von Niederträchtigen verachtet, von Nichtswürdigen getadelt, von Gaunern geschmäht und von bestialischen Verfolgern gehetzt – dessenungeachtet, daß mich Gelehrte bewundern, Weise lieben, Große rühmen, Mächtige schätzen und die Götter begünstigen. Euch, der Ihr mir bereits die hohe Gunst erwiesen habt, mich aufzunehmen, zu verpflegen, zu verteidigen, zu befreien und mir die Sicherheit eines schützenden Hafens zu gewähren, so daß Ihr mich gleichsam aus einem gefährlichen und mächtigen Sturm errettet habt: Euch nun bringe ich diesen Anker dar, diese

Schiffstaue, diese zerschlissenen Segel wie auch dieses mir teure und der Nachwelt noch kostbarere Frachtgut, auf daß Eure Gunst es davor bewahre, von dem unsteten, aufgebrachten und mir feindlichen Meer verschlungen zu werden. So wird dieses Gut – geborgen in dem heiligen Tempel des Ruhms – der dreisten Unwissenheit und der gefräßigen Zeit standhalten und ewiges Zeugnis ablegen von Eurer unversieglichen Großmut, damit die Welt erfahre, daß diese edle und göttliche Nachkommenschaft – von bedeutendem Geist gezeugt, von gesunder Vernunft empfangen und geboren von der Muse des Nolaners – dank Eurer Güte nicht in den Windeln gestorben ist, sondern sich fortwährendes Leben versprechen kann, solange diese auf ihrer Oberfläche belebte Erde unter dem ewigen Anblick der anderen, leuchtenden Gestirne sich dreht.

Hier vernehmt nun meine Philosophie, in der man gewiß und wahrlich das findet, was die gegnerischen und sich davon unterscheidenden Denkrichtungen vermissen lassen. Zunächst nenne ich Euch in aller Kürze, was in fünf Dialogen zur angemessenen Betrachtung der Ursache, des Prinzips und des Einen vorgebracht wird.

Inhalt des ersten Dialogs[5]

Im ersten Dialog begegnet Ihr einer Apologie – oder wie auch immer man dazu sagen mag – zugunsten der fünf Dialoge des *Aschermittwochmahls*[6]; usw.

Inhalt des zweiten Dialogs

Erstens wird Euch im zweiten Dialog der Grund für die Schwierigkeit der beabsichtigten Untersuchung dargelegt, um deutlich zu machen, wie weit hier der zu erkennende Gegenstand von dem Erkenntnisvermögen entfernt ist.

Zweitens, auf welche Weise und in welchem Maße das Prinzip und die Ursache einsichtig werden, wenn man von dem durch das Prinzip und die Ursache Bedingten ausgeht.
Drittens, wieviel die Kenntnis der Substanz des Universums dazu beiträgt, zu ergründen, wovon es abhängig ist.
Viertens, mit welchen Mitteln und auf welchem Weg wir im einzelnen versuchen, das erste Prinzip zu erkennen.
Fünftens, Unterschied und Übereinstimmung, Identität und Differenz zwischen den Bedeutungen der beiden Begriffe ›Ursache‹ und ›Prinzip‹.
Sechstens, wie die Ursache beschaffen ist, die sich in Wirk-, Form- und Zweckursache gliedert, und wie verschieden die Wirkursache bezeichnet und verstanden wird; wie diese bewirkende Ursache – als die Natur selbst – in gewisser Weise den natürlichen Dingen zugleich innewohnt und ihnen doch äußerlich ist; wie die Formursache mit der Wirkursache verbunden ist und daß sie es ist, wodurch die Wirkursache tätig wird; und wie sie von der Wirkursache aus dem Schoß der Materie hervorgerufen wird. Wie Wirkursache und Form in einem zugrundeliegenden Prinzip zusammenfallen und wie die eine Ursache von der andern verschieden ist.
Siebtens, der Unterschied zwischen der universalen Formursache – welche *eine* Seele ist, durch die das unendliche Universum (als unendliches) nicht auf positive, sondern auf negative Weise *einen* Organismus darstellt – und der zur Vervielfältigung fähigen partikulären Formursache, die sich unendlich vervielfältigt hat und desto vollkommener ist, je allgemeiner und höher das Substrat ist, in dem sie enthalten ist; weshalb die großen Organismen, welche die Gestirne bilden, uns gegenüber mit beträchtlichem Abstand als göttlicher zu gelten haben, das heißt als klüger und frei von Irrtümern sowie handlungsfähiger und frei von Mängeln.
Achtens, daß die erste und wichtigste natürliche Form als Formprinzip und wirkende Natur die Seele des Universums ist, die das Prinzip des Lebens, der Vegetation und der sinnlichen Wahrnehmung ausmacht in allem, was lebt, wächst und

empfindet. Hieraus wird geschlossen, daß es eines vernunftbegabten Wesens unwürdig ist, zu meinen, das Universum sowie seine bedeutendsten Himmelskörper seien unbelebt: gehen doch aus ihren Teilen und Ausscheidungen die Lebewesen hervor, die wir die vollkommensten nennen.

Neuntens, daß es nichts gibt – sei es auch noch so fehlerhaft, beschädigt, verkümmert und unvollkommen –, das nicht dadurch, daß es ein formales Prinzip besitzt, auch eine Seele besäße, wenn es uns auch nicht als Lebewesen erscheinen mag. Daraus wird dann mit Pythagoras und anderen, die nicht umsonst die Augen offenhalten, gefolgert, daß ein unendlicher Geist auf verschiedene Art und Weise das Weltall erfüllt und umfaßt.

Zehntens wird erläutert, daß – da dieser Geist immerfort mit der Materie zusammen ist, welche die Babylonier und Perser ›Schatten‹ nannten, und da beide unauflöslich sind – es unmöglich ist, daß irgendein Ding in irgendeiner Hinsicht der Substanz nach vergeht oder umkommt. Gleichwohl wechselt jedes Ding unter bestimmten Umständen sein Aussehen und geht je nach Zusammensetzung bald in diesen, bald in jenen Zustand über – einmal das eine, einmal das andere zurücklassend oder aufnehmend.

Elftens, daß Aristotelikern und Platonikern wie den übrigen Sophisten die Substanz der Dinge unbekannt war. Außerdem wird erklärt, daß alles, was in den natürlichen Dingen über die Materie hinaus als Substanz gilt, ganz und gar akzidentell ist und daß sich aus der Erkenntnis der wahren Form auch der wahre Begriff davon ergibt, was das Leben und was der Tod ist. Dadurch schwindet vor diesem die falsche und kindliche Furcht gänzlich, und man wird des Glücks teilhaftig, das unsere Betrachtung auf der Grundlage unserer Philosophie mit sich bringt, indem sie den düsteren Schleier des törichten Gefühls aufhebt, das uns den Orkus und den habsüchtigen Charon vorgaukelt und die heitersten Freuden des Lebens raubt und vergällt.

Zwölftens, daß sich die Unterschiede in der Form nicht aus

dem Substanzbegriff ableiten lassen, nach dem sie *eine* ist, sondern aus den vielfältigen Wirksamkeiten und Betätigungen der vermögenden Potenzen und aus den einzelnen Abstufungen des Seins, die sie hervorbringt.
Dreizehntens wird der wahre und endgültige Begriff des Formprinzips bestimmt: wie die Form auf vollkommene Weise in der Materie gemäß den akzidentellen Eigenschaften ausdifferenziert ist, die ihrerseits von der materialen Form bedingt sind – insofern diese [Form] in verschiedenen Abstufungen und Anlagen der aktiven und passiven Eigenschaften besteht. Es zeigt sich, daß die Form sowohl veränderlich als auch unveränderlich ist; daß sie die Materie gestaltet und begrenzt wie auch selbst von ihr gestaltet und begrenzt wird.
[*Vierzehntens* und] letztens wird in einem gemeinverständlichen Gleichnis dargetan, wie diese Form oder diese Seele vollständig im Ganzen und ebenso in jedem seiner Teile ganz sein kann.

Inhalt des dritten Dialogs

Nachdem im vorangehenden[7] Dialog über die Form geredet wurde, die sich eher in Beziehung zur Ursache als zum Prinzip setzen läßt, kommen wir im dritten Dialog zur Betrachtung der Materie, von der allgemein gilt, daß sie eher in Beziehung zum Prinzip und Element als zur Ursache steht.
Erstens wird aufgezeigt – wenn wir einmal die Präludien am Anfang des Dialogs übergehen –, daß David von Dinant auf seine Art keineswegs töricht war, als er die Materie für etwas Hervorragendes und Göttliches ansah.
Zweitens, daß man mit verschiedenen Methoden des Philosophierens auch zu verschiedenen Begriffen der Materie gelangt, obwohl es in Wahrheit nur eine erste und absolute gibt; was daran liegt, daß die Materie sich in unterschiedlichen Abstufungen verwirklicht und in entsprechend unterschiedlichen Arten verbirgt, so daß man sie im Sinn der

jeweils angemessenen Betrachtungsweisen verschieden verstehen kann – ebenso wie die Zahl, die dem Arithmetiker als reiner und einfacher Begriff gilt, dem Musiker als harmonisches Verhältnis von Tönen, dem Kabbalisten als Symbol und den anderen Narren wie den anderen Weisen als je etwas anderes.

Drittens wird ihre Bedeutung aus dem Wort ›Materie‹ erklärt und aus dem Unterschied sowie der Ähnlichkeit zwischen dem Substrat der natürlichen und dem der künstlichen Dinge.

Viertens wird erörtert, wie man hartnäckige Gegner abfertigen muß und wie weit man verpflichtet ist, ihnen zu antworten und mit ihnen zu diskutieren.

Fünftens geht aus dem wahren Begriff der Materie hervor, daß keine substantielle Form ihr Sein verliert, und es wird überzeugend nachgewiesen, daß die Peripatetiker und sonstige Schulphilosophen keine andere Substanz kennen als die Materie, wenn sie auch von ›substantieller Form‹ sprechen.

Sechstens wird auf ein konstantes Formprinzip geschlossen, ebenso wie ein konstantes Prinzip der Materie erkannt worden war. Auch wird gezeigt, daß entsprechend den verschiedenartigen Anlagen der Materie das Formprinzip in die vielgestaltige Ausformung der einzelnen Arten und Individuen übergeht; und es wird klarer, wie es dazu kommt, daß einige Philosophen – nachdem sie die Schule der Peripatetiker durchlaufen haben – nichts anderes als Substanz anerkennen wollen als die Materie.

Siebtens, wie notwendig es ist, daß der Verstand die Materie von der Form und die Potenz vom Aktus unterscheide. Zudem wird wiederholt, was bereits im zweiten Abschnitt gesagt worden ist: daß nämlich Substrat und Prinzip der natürlichen Dinge nach verschiedenen philosophischen Methoden verstanden werden können, ohne deshalb auf Kritik zu stoßen, und zwar am ergiebigsten nach naturphilosophischen und magischen Methoden, am unersprießlichsten nach mathematischen und rationalen Methoden, insbesondere wenn diese sich derart an die Regel und Übung des Verstandes halten, daß man am Ende durch sie nichts von Wert hervorbringt und kein für die Praxis brauchbares Ergebnis gewinnt, ohne welches jede philosophische Betrachtung für sinnlos gehalten werden müßte.

Achtens werden zwei gebräuchliche Begriffe von Materie erläutert: der eine im Sinne von Vermögen [*potenza*] und der andere im Sinne von Substrat, wobei im ersten Fall zwischen aktivem und passivem Vermögen unterschieden wird, und dennoch in gewisser Weise beide auf eins zurückgeführt werden.

Neuntens wird aus dem achten Satz geschlossen, daß das Höchste und Göttliche alles *ist*, was es sein kann, und daß das Universum alles *ist*, was es sein kann, während die Dinge nicht alles sind, was sie sein können.

Zehntens wird – als Konsequenz des im neunten Satz Gesagten – in erhabener Rede kurz und einsichtig dargetan, woher in der Natur Fehler, Mißgeburten, Verderben und Tod kommen.

Elftens, auf welche Weise das Universum in keinem seiner Teile und dennoch in jedem Teil ist, was zum Anlaß einer vorzüglichen Betrachtung über die Gottheit genommen wird.

Zwölftens, woran es liegt, daß der Verstand diese absolute Wirklichkeit [*atto*] und dieses absolute Vermögen [*potenza*] nicht fassen kann.

Dreizehntens wird auf die Vortrefflichkeit der Materie geschlossen, die so mit der Form in eins fällt wie ihr Vermögen [*potenza*] mit der Wirklichkeit [*atto*].

[*Vierzehntens* und] letztens wird daraus, daß das Vermögen und die Wirklichkeit zusammenfallen, wie daraus, daß das Universum all das *ist*, was es sein kann, sowie aus anderen Gründen gefolgert, daß das Ganze Eines ist.

Inhalt des vierten Dialogs

War der dritte[8] Dialog der Betrachtung der Materie als Vermögen gewidmet, so befaßt sich der vierte Dialog mit der Materie, sofern sie Substrat ist.

Erstens wird – begleitet von den Scherzen des Polihimnio – der Begriff der Materie entfaltet, wie ihn gewöhnlich einige Platoniker und alle Peripatetiker verstehen.

Zweitens wird gemäß den eigenen Prinzipien gezeigt, daß die Materie der körperlichen und unkörperlichen Dinge ein und dieselbe ist, und zwar aus folgenden Gründen: Der erste ergibt sich aus der Gleichartigkeit ihrer Potenzen; der zweite aus einer gewissen verhältnismäßigen Ähnlichkeit zwischen Körperlichem und Unkörperlichem, Absolutem und Kontrahiertem; der dritte aus der Ordnung und dem Stufenbau der Natur, der zu einem ersten Vollkommen oder Allumfassenden aufsteigt; der vierte daraus, daß es ein Ununterschiedenes geben muß, bevor die Materie in eine körperliche und eine unkörperliche geschieden wird, und dieses Ununterschiedene wird mit der höchsten Gattung der Kategorie bezeichnet; der fünfte daraus, daß es entsprechend dem gemeinsamen Begriff für das sinnlich Wahrnehmbare und das geistig Erkennbare auch ein gemeinsames Substrat beider[9] geben muß; der sechste daraus, daß das Sein der Materie vom Körpersein unabhängig ist und daher mit gleich guten Gründen sowohl unkörperlichen wie körperlichen Dingen zukommen kann; der siebte aus der in den Substanzen anzutreffenden Ordnung des Höheren und Niederen, denn wo diese ist, wird eine gewisse zugrundeliegende Gemeinsamkeit vorausgesetzt, die auf der Materie beruht und insofern stets durch die entsprechende Gattung bezeichnet wird, während die Form durch die spezifische Differenz bezeichnet wird; der achte aus einem dafür unwesentlichen Prinzip, das aber von vielen anerkannt wird; der neunte aus der Vielzahl der Arten, die es in der intelligiblen Welt gibt; der zehnte aus der Ähnlichkeit und gegenseitigen Nachahmung der drei Welten:

der metaphysischen, der physischen und der logischen; der elfte daraus, daß sich jede Zahl, Verschiedenheit, Ordnung, Schönheit und Zierde auf die Materie beziehen.

Drittens werden in aller Kürze vier Gegenargumente vorgetragen und beantwortet.

Viertens wird gezeigt, daß sich die beiden Arten der Materie voneinander unterscheiden; daß die Materie in den unkörperlichen Dingen mit der Wirklichkeit [*atto*] zusammenfällt; daß alle Arten der räumlichen Ausdehnung in der Materie, alle Qualitäten aber in der Form enthalten sind.

Fünftens, daß kein Weiser jemals behauptet hat, die Materie empfange die Formen wie von außen, wohl aber, daß sie diese gleichsam aus ihrem Schoß entläßt und so von innen heraus entsendet. Daher ist sie kein *prope nihil*[10], nicht beinahe ein Nichts, kein bloßes, reines Vermögen: sind doch alle Formen gleichsam in ihr enthalten und werden von ihr kraft der Wirkursache – die dem Sein nach auch von ihr ununterschieden sein kann – hervorgebracht und erschaffen, und zwar als Formen, denen nur ihrer akzidentellen Subsistenz nach ein geringerer Grad von Wirklichkeit an sinnlichem und entfaltetem Sein eignet, denn alles, was sichtbar ist und sich durch die auf räumlicher Ausdehnung beruhenden Akzidenzien bekundet, ist selbst bloßes Akzidens, während die unteilbare Substanz immerfort besteht und mit der unteilbaren Materie zusammenfällt. Daraus ist klar zu ersehen, daß sich aus deren Entfaltung nur Akzidenzien gewinnen lassen, so daß – wie schon Aristoteles, von der Wahrheit gezwungen, gesagt hat – die substantiellen Unterschiede verborgen bleiben. Wenn wir es also recht bedenken, können wir hieraus schließen, daß die vielgestaltige Substanz *eine* ist: eins das Wahre und Seiende, das in unzähligen Konstellationen und Individuen erscheint, indem es so viele und verschiedene Ausdrucksweisen annimmt.

Sechstens, wie gänzlich unbegründet es ist, wenn Aristoteles und andere Philosophen seines Schlages meinen, daß der Materie nur der Potenz nach ein Sein zukomme – was gewiß nichtig ist, da ihrer eigenen Lehre nach die Materie so beständig ist, daß sie ihr Sein weder verändert noch wechselt, sondern aller Wechsel und alle Veränderung nur *an* ihr geschehen, also – wie auch jene lehren – das, was ist, nachdem es hat sein können, immer zusammengesetzt ist.

Siebtens wird die ›Begierde‹ der Materie bestimmt und gezeigt, wie unangemessen sie damit definiert ist, da man sich hierbei nicht frei macht von Begriffen, die auf Prinzipien und Voraussetzungen solcher Philosophen beruhen, die die Materie als Tochter der Privation bezeichnen und sie dem unersättlichen Hunger liebestoller Weiber vergleichen.

Inhalt des fünften Dialogs

Im fünften Dialog, der im besonderen von dem Einen handelt, wird das Fundament für das Gebäude der gesamten Natur- und Gotteserkenntnis vollendet.

Erstens wird hierzu der Satz über die Koinzidenz von Materie und Form – von Potenz und Aktus – beigebracht. Dabei ist zu beachten, daß das Seiende zwar logisch geschieden wird in das, was ist und sein kann, physisch jedoch ungeteilt, ungeschieden und eines ist, zugleich auch unendlich, unbewegt, unteilbar, ohne Unterschied zwischen Ganzem und Teil, Bedingendem und Bedingtem.

Zweitens, daß in ihm [dem Seienden] kein Unterschied besteht zwischen einem Jahrhundert und einem Jahr, einem Jahr und einem Augenblick, zwischen einer Spanne und einem Stadion[11], einem Stadion und einer Parasange[12]. In seinem Wesen sind dieses und jenes besondere Sein also nicht zweierlei, so daß im Universum nicht die Zahl herrscht, mithin das Universum eines ist.

Drittens, daß im Unendlichen der Punkt sich nicht vom Körper unterscheidet und folglich auch Potenz und Aktus ungeschieden sind: bewegt sich nämlich der Punkt in die Länge des Raums, die [so gebildete] Linie in dessen Breite und die [dadurch entstandene] Fläche in die Tiefe, dann ist das eine lang, das andere breit und das dritte tief. Jedes Ding aber ist lang, breit und tief: insofern sind alle ein und dasselbe, und das Universum ist zugleich ganz Zentrum und ganz Peripherie.

Viertens, daß der ›Jupiter‹ Genannte noch mehr dem Ganzen innewohnt, als wir uns dies von der Form des Ganzen vorstellen können – da er das Wesen ist, durch das alles, was ist, das Sein hat, und da er in allem ist, wodurch in jedes Ding das Ganze stärker eingeht als seine eigene Form –, woraus folgt, daß alle Dinge in jedem Ding sind und daher alles Eines ist.

Fünftens wird auf den Zweifel geantwortet, der da fragt, warum alle Einzeldinge und alle Einzelmaterien sich ändern, um ein je anderes Sein anzunehmen und sich in einer je anderen Form ausprägen. Dabei wird gezeigt, daß die Einheit in der Vielheit ist und die Vielheit in der Einheit, wie auch daß das Seiende zugleich vielartig und je einzigartig ist und letztlich eines in Substanz und Wahrheit ist.

Sechstens wird ausgeführt, woher jene Verschiedenheit und jene Vielzahl kommen und daß diese nicht das Seiende sind, sondern nur an Seiendem oder mit Bezug auf Seiendes vorkommen.

Siebtens wird darauf hingewiesen, daß derjenige, der dieses Eine – also den Grund dieser Einheit – entdeckt hat, damit auch jenen Schlüssel gefunden hat, ohne den der Eintritt in die wahre Naturbetrachtung verschlossen bliebe.

Achtens wird im Rahmen einer neuen Betrachtung wiederholt, daß das Eine, das Unendliche, das Seiende und das, was in Allem ist, zugleich überall ist, ja das *ubique*[13] selbst ist; und daß somit die unendliche Ausdehnung – insofern sie keine meßbare Größe ist – mit dem Individuum zusammenfällt, wie die unendliche Vielheit – insofern sie nicht Zahl ist – mit der Einheit.

Neuntens, daß es im Unendlichen keine Teile gibt, so viele man auch im Universum als entfaltet annehmen möchte, wo jedoch alles, was wir an Verschiedenheit und Besonderheit wahrnehmen, nichts anderes ist als das wechselnde und je besondere Antlitz derselben Substanz.

Zehntens, daß an den beiden Extremen, die die unterste und die oberste Stufe im Stufenbau der Natur darstellen, nicht zwei verschiedene Seinsprinzipien zu betrachten sind, sondern eines; nicht zweierlei Seiendes, sondern eines; nicht zwei Entgegengesetzte und Verschiedene, sondern ein und dasselbe Identische: Die Höhe ist hier Tiefe, der Abgrund ein unentflammtes Licht, die Finsternis ist Helligkeit, das Große klein, das Verworrene gesondert, der Streit ist Freundschaft, das Teilbare unteilbar, das Atom unermeßlich groß und ebenso alles umgekehrt.

Elftens, auf welche Weise bestimmte geometrisch-mathematische Begriffe, wie ›Punkt‹ und ›Eins‹, so verstanden werden können, daß sie der Betrachtung des Seienden und Einen förderlich sind, obwohl sie – für sich genommen – nicht ausreichen, es zu bezeichnen. Daher darf man auch Pythagoras, Parmenides und Platon nicht so töricht interpretieren, wie es in der pedantischen Kritik des Aristoteles geschieht.

Zwölftens wird daraus, daß die Substanz – oder das Sein – von der Quantität, dem Maß und der Zahl verschieden ist, geschlossen, daß sie sowohl im Ganzen wie im je Einzelnen unteilbar und eine ist.

Dreizehntens werden die Indizien und Beweise dafür beigebracht, daß in Wahrheit die Gegensätze zusammenfallen; daß sie aus *einem* Prinzip stammen und in Wahrheit und Substanz *Eines* sind: Nachdem dies mathematisch erkannt ist, wird es auch physikalisch erschlossen.

Von alledem, mein erlauchter Herr, muß man ausgehen, bevor man sich im einzelnen der angemessenen Erkenntnis der Dinge zuwendet. Hierin liegt – wie im Innern des Samens beschlossen – die Vielfalt der möglichen naturphilosophischen Schlußfolgerungen. Von hierher leitet sich das Gewebe, die Aufteilung und Anordnung der spekulativen

Wissenschaften ab. Ohne diese Hinführung wäre jeder Versuch, jeder Eintritt, jeder Anfang vergeblich. Empfangt also gnädig dieses Prinzip, dieses Eine, diesen Anfang, diese Quelle, dieses Hauptstück, damit ihre Nachfahren ermutigt werden, hervorzukommen und in die Welt zu treten; damit ihre Bäche und größeren Ströme sich ausbreiten, an Zahl allmählich zunehmen und diese ihre Glieder sich weiter ausstrecken, auf daß die Nacht mit dem Schleier des Schlafs und dem Mantel der Finsternis zurückweiche und der strahlende Titan[14], der Vater der göttlichen Musen, von diesen begleitet und umgeben von seinem ewigen Hofstaat, die nächtlichen Fackeln verbanne, die Welt mit neuem Tageslicht schmücke und im Triumphwagen herausfahre aus dem rosigen Schoß der holden Aurora[15]. *Vale!* [Lebt wohl!]

Giordano Nolano a i Principi de l'Universo

Lethaeo undantem retinens ab origine campum
　Emigret o Titan, et petat astra precor.
Errantes stellae spectate procedere in orbem
　Me geminum, si vos hoc reserastis iter.
Dent geminas somni portas laxarier usque,
　Vestrae per vacuum me properante vices:
Obductum tenuitque diu quod tempus avarum,
　Mi liceat densis promere de tenebris.
Ad partum properare tuum mens aegra quid obstat:
　Seclo haec indigno sint tribuenda licet?
Umbrarum fluctu terras mergente, cacumen
　Adtolle in clarum noster Olimpe Iovem.

Giordano aus Nola an die Prinzipien des Universums

Steige, Titan[16], empor aus des Meeres noch dunkelen Fluten
　Nahe dem Lethefluß[17], schwing zu den Sternen dich auf.
Wandelnde ihr, Gestirne, nun seht mich vollenden die Runde
　Hier im Gefolge ihm nach, gebt ihr nur frei mir den Weg.
Lasset die Tore des Schlafs ihre Flügel öffnen und gönnt mir,
　Daß ich an euerer Statt flieg durch die Leere des Alls.
Auch was mit Argwohn die Zeit in die Finsternis bannt schon seit langem,
　Sei mir erlaubt, aus dem Reich tiefer Nacht zu befrein.
Dieses dein Werk zu verrichten, mein Geist, was steht dem entgegen:
　Unser Jahrhundert vielleicht, unwürdig solchen Geschenks?
Sind auch die Länder versunken in Schatten und Schlaf, deinen Gipfel
　Recke, edler Olymp[18], hoch in das göttliche Licht.

Al proprio Spirto

Mons, licet innixum tellus radicibus altis
  Te capiat, tendi vertice in astra vales:
Mens, cognata vocat summo de culmine rerum,
  Discrimen quo sis manibus, atque Iovi.
Nec perdas hic iura tui, fundoque recumbens
  Impetitus tingas nigri Acherontis aquas:
At mage sublimeis tentet natura recessus,
  Nam tangente Deo, fervidus ignis eris.

An den eigenen Geist

Wie dieser Berg[19], mit gewaltigem Fuß auf die Erde
                                        gegründet,
  Tief hinabreicht und doch sternenhoch hebet das Haupt,
So, mein Geist, rührst auch du an die Sphären des Zeus und
                                        des Hades[20].
  Höre der Himmlischen Ruf mahnen dich, ihnen verwandt:
Daß du nicht einbüßest höhere Rechte, weil niedere Fessel
  Lähmt deine Kraft und hinab Acherons[21] Woge dich reißt.
Sondern dich locke der Gruß, den dir himmlische Heimat
                                        entbietet,
  Heilig Erglühendem dir, kaum daß ein Gott dich berührt.

Al Tempo

Lente senex, idemque celer: claudensque, relaxans:
  An ne bonum quis te dixerit, anne malum?
Largus es, esque tenax: quae munera porrigis, aufers:
  Quique parens aderas, ipse peremptor ades:
Viscerebusque educta tuis in viscera condis,
  Tu cui prompta sinu carpere fauce licet,
Omnia cumque facis, cumque omnia destruis, hinc te
  Non ne bonum possem dicere: non ne malum?
Porro ubi tu diro rabidus frustraberis ictu,
  Falce minax illo tendere parce manus,
Nulla ubi pressa Chaos atri vestigia parent
  Ne videare bonus, ne videare malus.

An die Zeit[22]

Langsam wie Greise und schnell auch gehst steif du und
                                                  locker.
  Gut oder böse du heißt, wer weiß zu nennen dich recht?
Freigebig bist du und geizig, Geschenke zurück du gar
                                                  forderst.
  Was geschaffen du hast, alles zerstörst du hernach.
Nichts gebiert je dein Leib, er verschlingt es denn selber auch
                                                  wieder.
  Was dein Busen genährt, tötet begierig dein Schlund.
Alles Erschaffende, alles Vernichtende, ist es nicht billig,
  Wenn man beides dich nennt: gut wie auch böse zugleich?
Dort aber, wo du verfehlst deine schicksalbeschwerten
                                                  Schläge,
  Laß auch den Sensenhieb ruhn. Unheilbringende Hand,
Halt ein, wo nichts mehr gemahnt an des Chaos nächtliches
                                                  Toben.
  Da erscheine, o Zeit, uns weder böse noch gut.

De l'Amore

Amor per cui tant' alto il ver discerno,
Ch'apre le porte di diamante e nere,
Per gli occhi entra il mio nume, e per vedere
Nasce, vive, si nutre, ha regno eterno.

Fa scorger quant' ha il ciel terr' et inferno,
Fa presente d'absenti effigie vere,
Repiglia forze e trando dritto fere,
E impiaga sempr' il cor, scuopr' ogn' interno.

O dumque volgo vile, al vero attendi,
Porgi l'orecchio al mio dir non fallace,
Apri, apri (se puoi) gli occhi insano, e bieco.

Fanciullo il credi perché poco intendi.
Perché ratto ti cangi, ei par fugace.
Per esser orbo tu, lo chiami cieco.

Über die Liebe[23]

Die Liebe lehrt die Wahrheit mich erkunden,
Sperrt auf die Tore, schwarz und diamanten,
Und trifft mein Herz durch Augen, die mir brannten.
Aus Sehen Lieb' entsteht und lebt in allen Stunden.

Was kreucht und fleucht, was höllisch ward geschunden:
Sie bringt's ans Licht, was gründlich wir nicht kannten.
Ihr Strahl, den Pfeilen gleich, die Bogen sandten,
Durchdringt das Herz und muß es stets verwunden.

Ach, Einfältige ihr, so seid verständig,
Vernehmt mein offen Wort mit beiden Ohren,
Die trüben Augen reibt und seht mit klaren.

Euch Launischen gilt Liebe unbeständig,
Gar töricht scheint sie euch, den dumpfen Toren,
als blind laßt ihr Verblendeten sie fahren.

Causa, principio, et uno sempiterno,
Onde l'esser, la vita, il moto pende:
E a lungo, a largo, e profondo si stende
Quanto si dic' in ciel terr' et inferno,

Con senso, con raggion, con mente scerno
Ch'atto, misura, et conto non comprende
Quel vigor, mole, e numero, che tende
Oltr' ogn' inferior, mezzo, e superno.

Cieco error, tempo avaro, ria fortuna,
Sord' invidia, vil rabbia, iniquo zelo,
Crudo cor, empio, ingegno, strano ardire

Non bastaranno a farmi l'aria bruna,
Non mi porrann' avanti gli occhi il velo,
Non faran mai ch'il mio bel sol non mire.

[*Über die Ursache, das Prinzip und das Eine*]

Ursach', Prinzip und Eines immerdar,
Woraus Bewegung fließt und Sein und Leben,
Das weit und breit sich ausdehnt, tief und eben,
Vom Himmel und der Erd' zur Hölle gar.

Durch Sinne und Vernunft mir wird gewahr,
Was weder Tat, noch Maß und Zahl ergeben:
Was über alles Maß hinaus darf streben
An Masse, Kraft und Menge wunderbar.

Nicht irrer Wahn, Verlust und Mißgeschick,
Noch Neid, gemeine Selbstsucht, blindes Wüten,
Kein Starrsinn, Frevel, loser Übermut:

Nie können sie verschleiern meinen Blick,
Den Tag verdunkeln mir, den froh erblühten,
Noch löschen meiner Sonne edle Glut.

Erster Dialog

Gesprächspartner: Elitropio, Filoteo, Armesso[1]

ELITROPIO. Wie Gefangene, die sich an die Dunkelheit ihres Verlieses gewöhnt haben, befreit aus einem finsteren Turm ins Licht des Tages treten, so werden viele, die in die geltende Schulphilosophie eingeübt sind, und auch etliche andere erschrecken, sich wundern und – weil sie die neue Sonne deiner hellen Gedanken nicht ertragen können – sich empören.[2]

FILOTEO. Doch nicht das Licht ist schuld daran, sondern fehlende Sehkraft. Je schöner und je strahlender die Sonne selbst ist, desto mehr wird sie den Augen der nachtgewohnten Eulen unliebsam, ja verhaßt erscheinen.

ELITROPIO. Was du unternimmst, lieber Filoteo, ist schwierig, seltsam und einzigartig: Willst du doch jene aus ihrer Höhle treiben, um sie dem ungetrübten, ruhigen und heiteren Anblick der Sterne entgegenzuführen, von denen wir das blaue Himmelszelt in so schöner Vielfalt übersät sehen. Obgleich du mit Eifer bemüht bist, dich deinen Mitmenschen nur hilfreich zu erweisen, werden doch auch Undankbare auf ebenso viele Weisen gegen dich vorgehen, wie es verschiedene Tierarten gibt, die unsere gütige Erde in ihrem fruchtbaren, mütterlichen Schoß gebiert und ernährt – soweit es denn wahr ist, daß die menschliche Gattung in ihren verschiedenen Individuen die Mannigfaltigkeit aller anderen Gattungen spiegelt, um in jedem Einzelnen deutlicher das Ganze auszuprägen als es in anderen Gattungen geschieht.

So werden die einen, kaum daß sie einmal freie Luft verspürt haben, sogleich nach Art des blinden Maulwurfs wieder das Erdreich aufgraben und ihrem angestammten dunklen Bau zustreben. Andere werden wie Nachtvögel ihre düsteren Schlupfwinkel aufsuchen, sobald ihre schwachen Augen von der Morgenröte geblendet werden, die im Osten den leuchtenden Sonnenaufgang ankündigt. All jene Lebewesen, die aus dem Bereich des himmlischen Lichts verbannt sind in Plutos ewige Verliese, Höhlen und Grotten, werden sich beeilen, in ihre unterirdischen Behausungen zurückzukehren, wenn sie der furchterregende Ruf aus dem Horn der Erinnye Alecto[3] erreicht.

Die Wesen aber, die geboren sind, um im Anblick der Sonne zu leben, werden, sobald die verhaßte Nacht zu Ende geht, dem Himmel für seine Güte danken und – die lange und leidenschaftlich ersehnten Strahlen der Sonne mit kristallklaren Augen trinkend – jauchzenden Herzens gegen Osten ihre Hände zum lauten Gebet erheben. Wenn da der umherstreifende Titan vom goldenen Orient her die feurigen Rosse emporjagt und in die schlaftrunkene Stille der feuchten Nacht einbricht, dann werden die Menschen vernünftig miteinander reden, dann werden die behaglichen Schafherden friedlich blöken, und muhen wird das vom rauhen Landvolk gehütete Hornvieh. Die Esel, die Reittiere des Silen[4], werden zu schreien beginnen, um aufs Neue zum Schutz der verängstigten Götter die Giganten abzuschrecken, die noch dümmer sind als sie selbst. In ihrem Pfuhl sich wälzend, werden die hauerbewehrten Eber ihr ohrenbetäubendes Grunzen ertönen lassen. Die Tiger, Bären, Löwen, Wölfe wie auch die listigen Füchse werden aus ihren Höhlen die Köpfe recken und – von kahlen Höhen herab über das ebene Jagdfeld spähend – ihr Knurren, Brummen, Brüllen, Heulen und Bellen anstimmen.

In der Luft und auf den Zweigen der Bäume und Büsche werden die Hähne, Adler, Pfauen, Tauben, Amseln, Spatzen, Nachtigallen, Krähen, Elstern, Raben, Kuckucke und Zikaden nicht nachlassen, ihre lauten Rufe zu wiederholen und zu verdoppeln.

Aus den Gewässern und Sümpfen werden auch die weißen Schwäne, die bunten Enten, die eiligen Taucher, die Fischreiher, die heiseren Gänse und die klagenden Frösche das Ohr mit ihrem Lärmen erfüllen. Das warme Licht, mit dem die

Sonne die Luft dieses glücklichen Himmelsstrichs durchdringt, wird begleitet, begrüßt und vielleicht auch gestört durch die Fülle der Stimmen, so vielfältig wie die Geister, die sie aus tiefer Brust hervorlocken.
FILOTEO. Es ist nicht nur normal, sondern auch natürlich und notwendig, daß jedes Lebewesen seine eigene Stimme erhebt. So können die Tiere keine sinnvoll betonten Laute bilden wie die Menschen, da sie von gegensätzlicher Körperbeschaffenheit sind, in ihren Geschmacksempfindungen abweichen und auch andere Nahrung zu sich nehmen.
ARMESSO. Mit Verlaub, gewährt auch mir die Freiheit, das Meinige zu sagen – nicht gerade über das Licht, sondern über einige rhetorische Begleitumstände, die, statt den Sinn des Zuschauers und Zuhörers zu erfreuen, sein Gefühl zu beleidigen pflegen. Um Eures Friedens und Eurer Ruhe willen, die ich Euch in brüderlicher Freundschaft wünsche, möchte ich wahrlich nicht, daß aus diesen Euren Reden wieder Komödien, Tragödien, Klagemonologe und -dialoge werden (oder wie auch immer wir sie nennen wollen) wie aus jenen, die Ihr vor kurzem öffentlich zum besten gegeben habt, woraufhin Ihr dann gezwungen wart, eingeschlossen und zurückgezogen das Haus zu hüten.
FILOTEO. Sprecht nur frei heraus!
ARMESSO. Es sei mir fern, wie ein heiliger Prophet zu reden oder wie ein entrückter Wahrsager, wie ein von seiner Himmelfahrt besessener Apokalyptiker oder wie die vom Engel erleuchtete Eselin des Bileam[5], auch nicht, als sei ich vom Geist des weinseligen Bacchus[6] und dem der leichtlebigen Musen des Parnaß[7] erfüllt. Meine Worte seien weder wie die einer von Phöbus[8] geschwängerten Sibylle[9], noch wie die einer Schicksal kündenden Kassandra[10] oder gar wie die eines von apollinischem Wahnsinn am ganzen Leib Erbebenden, noch die eines im delphischen Orakel[11] oder auf dessen Dreifuß erleuchteten Sehers. Ich will nicht reden wie der den Rätseln der Sphinx überlegene Ödipus[12] oder wie der auf die Fragen der Königin von Saba antwortende Salomo[13], weder

wie der die Zeichen der olympischen Götter deutende Kalchas[14], noch wie ein von Visionen heimgesuchter Merlin[15] oder wie einer, der aus der Orakelhöhle des Trophonios[16] kommt. Statt dessen will ich mich der einfachen Sprache des Volkes bedienen wie jemand, dem an anderem liegt, als sich den Saft des großen und kleinen Gehirns abzudestillieren, um zuletzt nur die harte und die weiche Hirnhaut zurückzubehalten. Ich will reden wie jemand, der nur seinem eigenen Kopf traut und nicht den Göttern aus der letzten Backform, die weder Ambrosia speisen, noch Nektar trinken, sondern ihren Durst mit verschüttetem Wein oder dem in den Fässern verbliebenen Bodensatz stillen, wenn sie nicht dem Wasser und den Wasserweibern den Vorzug geben wollen. Jene meine ich, die sich um Heim und Herd scharen und mit uns vertraulich tun wie Bacchus oder der auf seinem Esel trunkene [Silen], wie Pan, Vertumnus, Faun oder Priapus,[17] die uns keiner breiteren und tieferen Aufklärung für wert befinden, während sie doch sogar ihren Pferden von ihren Taten zu berichten pflegen.

ELITROPIO. Eure Vorrede wird gar zu lang!

ARMESSO. Habt nur Geduld, um so eher folgt der Schluß. Laßt Euch in aller Kürze sagen, daß Ihr von mir keine Worte hören sollt, die man erst entziffern muß, indem man sie gleichsam im Destillierkolben verdampft, sie dann durch den Retortenhals schickt und ins Wasserbad einleitet, um sie schließlich als Sublimat im Behälter der Quintessenz[18] aufzufangen. Nein! Es sollen Worte sein, wie sie mir meine Amme eingetrichtert hat. Die war so fett, vollbusig und dickbäuchig, hatte auch so steile Hüften und mächtige Hinterbacken wie jene Londonerin, die ich in Westminster gesehen habe: Ihr erhitzter Leib strotzte von einem Paar gewaltiger Brüste, so groß wie die Stiefel des Riesen San Sparagorio[19], und sie hätten gewiß – zu Leder verarbeitet – zwei Dudelsäcken aus Ferrara Konkurrenz gemacht.

ELITROPIO. Das sollte nun für eine Vorrede genug sein!

ARMESSO. Wohlan denn, um damit zum Schluß zu kommen,

und einmal abgesehen von den Worten und Würdigungen, die dem Licht und dem Glanz gelten, welche Eure Philosophie um sich verbreitet, so sagt mir doch, wie wir nach Euren Wünschen vor allem die strahlende Gelehrsamkeit begrüßen können, die von dem Buch über das *Aschermittwochsmahl*[20] ausgeht. Welche Tiere denn haben das *Aschermittwochsmahl* vorgetragen? Leben sie im Wasser oder in der Luft, auf der Erde oder auf dem Mond? Ungeachtet der Reden eines Smith, Prudenzio und Frulla[21] drängt es mich doch zu erfahren, ob diejenigen fehlgehen, die behaupten, du hättest dich auf das Bellen eines tollen und wütenden Hundes verlegt, ja darüber hinaus einmal auf die Rolle des Affen, ein andermal auf die des Wolfs, auf die der Elster oder des Papageien: bald dieses, bald jenes Tier nachahmend, dabei Bedeutsames und Ernstes, Geistiges und Körperliches, Gemeines und Erhabenes, Philosophisches und Komisches wild durcheinanderredend.

FILOTEO. Seid darob nicht verwundert, lieber Freund! War dies doch nichts als ein Gastmahl, bei dem sich die Köpfe von den Affekten beherrschen lassen, die durch die Wirkung des Geschmacks und Geruchs der Speisen und Getränke ausgelöst werden. Wie auch immer eine Mahlzeit stofflich beschaffen sein und auf den Leib einwirken mag, so bestimmt sie auch den Geist der dabei geführten Gespräche. Ebenso enthält auch dieses Gastmahl seine wechselnden und verschiedenen Teile, ganz wie jenes die seinigen zu haben pflegt. Das eine hat seine Bedingungen, Umstände und Mittel so gut wie das andere.

ARMESSO. Wenn Ihr erlaubt, wie soll ich Euch verstehen?

FILOTEO. Dabei wird, Brauch und Sitte folgend, Salat gereicht und Vorspeise, Hauptgericht und danach Obst – aus Küche und Apotheke für Gesunde und für Kranke: Kaltes und Warmes, Rohes und Gekochtes, aus dem Wasser wie vom Lande, von Haustieren wie vom Wild, gebraten oder gesotten, ausgereift oder grün geerntet. Des weiteren gibt es Gerichte, die nur nähren, und andere, die den Gaumen erfreuen; schwere und leichte, gesalzene und ungewürzte, scharfe oder milde, saure oder süße. Dementsprechend wird Euch auch hier aufeinanderfolgend Gegensätzliches und Verschiedenartiges serviert, ganz wie es den wechselnden Stimmungen des Magens und des Gaumens all derer entspricht, denen es beliebt, an unserem symbolischen Gastmahl teilzunehmen. Niemand soll sich beklagen müssen, er sei umsonst gekommen. Wer das eine nicht mag, nehme sich von dem anderen!

ARMESSO. Gewiß doch. Was aber würdet Ihr dazu sagen, wenn darüber hinaus bei Eurem Gastmahl etwas erschiene, das weder als Salat taugt noch als Vorspeise, Hauptgericht oder Obst; nicht kalt, nicht warm, weder roh noch gekocht; den Appetit nicht anregt oder den Hunger stillt, auch den Gesunden wie den Kranken nicht bekommt und weder aus den Händen des Kochs noch aus denen des Apothekers stammt?

FILOTEO. Du wirst gleich sehen, daß auch hierin unser Gastmahl jedwedem anderen gar nicht unähnlich ist. Kannst du doch mitten beim Essen dich an einem zu heißen Bissen verbrennen, so daß du ihn wieder herausbringen mußt, wenn du ihn nicht mit tränenden Augen so lange im Mund behalten willst, bis du ihn schließlich mit einem verflixten Ruck die Kehle hinunterbeförderst. Oder aber es wird dir ein Zahn stumpf; du beißt dir beim Brotessen auf die Zunge, die sich quergelegt; ein lächerlicher Kiesel zerspringt dir zwischen den Zähnen und du mußt den ganzen Bissen wieder von dir geben; gar ein Haar aus dem Bart oder dem Schopf des Kochs gelangt in deine Kehle und bringt dich schier zum Erbrechen; eine Gräte bleibt im Hals dir stecken und bringt dich zum Hüsteln; oder ein Knochensplitter versperrt dir den Schlund und bringt dich in Gefahr zu ersticken. So hat es auch bei unserem Gastmahl – zu unser aller Mißvergnügen – Vorkommnisse gegeben, die jenen ganz und gar ähnlich waren. Dies alles folgt jedoch aus der Sünde unseres alten Urvaters Adam, durch die des Menschen verderbte Natur dazu verdammt ist, Lust immer mit Unlust zu teilen.

ARMESSO. Wie fromm und rechtgläubig! Was aber würdet Ihr denjenigen antworten, die Euch einen blindwütigen Zyniker nennen?
FILOTEO. Ich würde leichten Herzens zustimmen, wenn auch nicht ganz, so doch zum Teil.
ARMESSO. Wißt Ihr denn nicht, daß es weniger ehrenrührig ist, Beleidigungen zu empfangen, als sie anderen zuzufügen.
FILOTEO. Es genügt doch, daß man die meinigen als Vergeltung und die der anderen als Angriffe bezeichnen kann.
ARMESSO. Auch die Götter müssen dulden, daß sie beleidigt, verleumdet und verhöhnt werden. Nur wer von gehässiger, niedriger, gemeiner und ruchloser Gesinnung ist, pflegt selbst zu beleidigen, zu verleumden und zu verhöhnen.
FILOTEO. Das ist richtig. Wir jedoch beleidigen nicht von uns aus, sondern geben nur Beleidigungen zurück, die weniger uns selbst als vielmehr der verachteten Philosophie gelten, um so zu vermeiden, daß den erlittenen Kränkungen noch weitere hinzugefügt werden.
ARMESSO. Wollt Ihr nun als bissiger Hund erscheinen, damit niemand wagt, Euch anzugreifen?
FILOTEO. Allerdings. Denn ich schätze es, in Ruhe zu leben und frei von Verdruß zu bleiben.
ARMESSO. Freilich. Aber man hält Euch für gar zu streng.
FILOTEO. Gilt es doch zu verhindern, daß sie von neuem beginnen. Auch die anderen mögen lernen, sich nicht mit mir und meinesgleichen in Wortgefechte einzulassen. Entsprechende Überlegungen werden ihnen diesen Schluß schon nahelegen.
ARMESSO. Die Beleidigung war privat, die Rache aber ist öffentlich.
FILOTEO. Doch deshalb nicht etwa ungerecht! Viele Dummheiten werden im verborgenen begangen, aber – was nur recht und billig ist – öffentlich bestraft.
ARMESSO. Gleichwohl schadet Ihr damit Eurem Ruf und stellt Euch in ein schlechteres Licht als jene. Denn öffentlich

wird man Euch voreilig, eigensinnig, verstiegen und unbesonnen nennen.

FILOTEO. Das soll mich nicht kümmern; wenn sie und ihresgleichen mir nur nicht noch weiter lästig fallen. Damit sie mich und meine Kreise nicht stören, drohe ich ihnen mit dem Stock des Zynikers: Wenn sie mir schon keine Liebenswürdigkeiten erweisen, dann sollen sie mir wenigstens keine Grobheiten zumuten.

ARMESSO. Scheint es Euch denn einem Philosophen angemessen, auf Rache zu sinnen?

FILOTEO. Wenn diejenigen, die mich beschimpfen, Xanthippe[22] hießen, wollt' ich Sokrates sein!

ARMESSO. Weißt du denn nicht, daß Langmut und Geduld uns allen gut ansteht und daß wir durch sie den Heroen und den erhabenen Göttern ähnlich werden. Üben diese doch – nach dem Zeugnis der einen – nur späte Rache und – nach dem der anderen – überhaupt keine, ja geraten nicht einmal in Zorn.

FILOTEO. Du irrst, wenn du meinst, ich sei auf Rache aus.

ARMESSO. Worauf aber dann?

FILOTEO. Mir lag an einer Besserungsstrafe, die zu vollziehen uns auch den Göttern ähnlich werden läßt. Weißt du doch, daß der arme Vulkan[23] von Jupiter damit betraut ward, auch an Festtagen zu arbeiten, so daß der verwünschte Amboß nimmer müde wird, seine zahllosen und gewaltigen Hammerschläge zu ertragen: Kaum ist ein Hammer gehoben, so fällt der andere nieder, damit es nicht mangele an gerechten Blitzen, deren Strahl die Frevler wie die Verbrecher bestraft.

ARMESSO. Doch ist ein Unterschied zwischen Euch und Jupiters Schmied, dem Gemahl der zyprischen Göttin.

FILOTEO. Genug, daß ich ihnen an Geduld und Langmut vielleicht nicht so unähnlich bin, was ich auch in diesem Fall damit bewiesen habe, daß ich weder meiner Wut vollends die Zügel schießen ließ noch meinem Zorn besonders kräftig die Sporen gab.

Armesso. Nicht jedem kommt es zu, strafend zu belehren, zumal nicht die große Menge.
Filoteo. Fügt nur hinzu: »insbesondere, wenn diese ihn in Frieden läßt«.
Armesso. Gesagt wird aber, man solle sich in fremden Landen nicht herausfordern lassen.
Filoteo. Und ich sage dir zweierlei: Erstens darf man einen fremden Arzt nicht töten, weil er Kuren verordnet, die von den Einheimischen nicht angewandt werden. Zweitens gilt dem wahren Philosophen jedes Land als Vaterland.
Armesso. Wenn man dich aber weder als Philosophen noch als Arzt oder Landsmann anerkennt?
Filoteo. Deshalb höre ich nicht auf, es zu sein.
Armesso. Und wer bezeugt Euch das?
Filoteo. Die Götter, die mich hierher gesandt haben; ich selbst, der ich hier bin; und alle, die Augen haben, mich hier zu sehen.
Armesso. Du hast sehr wenige und kaum bekannte Zeugen!
Filoteo. Wahre Ärzte gibt es nur sehr wenige, auch sind diese kaum bekannt – wirklich krank dagegen ist fast jedermann. Darum wiederhole ich, daß es niemandem erlaubt ist, sich ein solches Verhalten herauszunehmen oder gutzuheißen gegenüber denjenigen, die sich auf ehrenvolle Weise verdient machen, ob sie nun Fremde sind oder nicht.
Armesso. Wenigen sind diese Verdienste bekannt.
Filoteo. Dennoch sind die Edelsteine nicht weniger kostbar und wir nicht weniger verpflichtet, sie mit allen unseren Kräften zu schützen und gewissenhaft dafür zu sorgen, daß sie davor bewahrt bleiben, von den Schweinen zertreten zu werden. Und – bei den Göttern, die mir beistehen mögen – ich habe nie, mein lieber Armesso, aus schmutziger Eigenliebe und gewissenlosem Privatinteresse solche Rache geübt, sondern allein aus Liebe zur Philosophie, meiner vielgeliebten Mutter, und aus Eifer für ihre verletzte Majestät. Gibt es doch kaum einen lumpigen Pedanten, einen faulen Wortemacher,

einen dümmlichen Faun, einen unwissenden Esel, der sich nicht in unsere Familie einschleichen möchte, indem er stets eine Last von Büchern mitführt, sich den Bart lang wachsen läßt oder durch andere Allüren aufzufallen sucht. Die Philosophie indes ist infolge dieser ihrer vorgeblichen Freunde und Söhne soweit heruntergekommen, daß beim Volk Philosoph so viel bedeutet wie Spitzbube, Nichtsnutz, Rechthaber, Scharlatan, Hansdampf in allen Gassen – gerade gut genug, um im Haus als Zeitvertreib und auf dem Feld als Vogelscheuche zu dienen.

ELITROPIO. Um die Wahrheit zu sagen: Die Sippschaft der Philosophen wird heute von den allermeisten noch geringer geschätzt als die der Geistlichen. Haben doch diese den Priesterstand, in den sie – aus jeder Art von Gesindel kommend – erhoben wurden, weniger in Verruf gebracht, als jene – nach allen möglichen Bestien benannt – die Philosophie der allgemeinen Verachtung preisgegeben haben.

FILOTEO. Laßt uns denn in seiner Art das Altertum loben, da es noch Philosophen gab, die zu Gesetzgebern, politischen Beratern und Königen aufstiegen, während diese ihrerseits zu Priestern erkoren wurden. In unseren Zeiten dagegen sind die meisten Geistlichen so verachtenswert, daß ihretwegen sogar die göttlichen Gesetze verachtet werden, und fast alle, die sich Philosophen nennen, sind so nichtswürdig, daß ihretwegen auch die Wissenschaften geringgeschätzt werden. Eine Menge von Schurken unter ihnen pflegt überdies mit verderblichen Träumereien – Brennesseln gleich – die seltene Tugend zu überwuchern und auch die Wahrheit, die sich nur den wenigsten erschließt.

ARMESSO. Außer unserem Teofilo kenne ich niemanden, der in solchem Maß sich für die Philosophie ereifert und sich, lieber Elitropio, seiner Wissenschaft so verbunden fühlt. Wie sähe es wohl aus, wenn alle anderen Philosophen vom gleichen Schlage wären, ich meine, ein ebenso heftiges Temperament hätten?

ELITROPIO. Diese anderen Philosophen haben nicht viel erkannt, was sich zu schützen und zu verteidigen lohnte. Sie können ohne weiteres eine Philosophie aufgeben, die wenig taugt oder gar nichts wert ist, wie auch eine, die sie überhaupt nicht kennen. Wer aber die Wahrheit gefunden hat, die ein verborgener Schatz ist, der ist von der Schönheit ihres göttlichen Anblicks so entbrannt, daß ihn gleicherweise die Eifersucht packt bei dem Gedanken, sie könne geschändet, vernachlässigt oder befleckt werden. Ergeht es ihm doch wie einem, der besessen ist von der schmutzigen Gier nach Gold, Karfunkel und Diamanten oder nach einem schönen, aber liederlichen Weibe.

ARMESSO. Nun mit klarem Kopf zurück zur Sache! Es geht von Euch, Teofilo, die Rede, daß Ihr in Eurem *Aschermittwochsmahl* die ganze Stadt, die ganze Provinz, ja das ganze Reich verleumdet und beleidigt habt.

FILOTEO. An dergleichen habe ich niemals gedacht, habe es niemals beabsichtigt, niemals getan. Hätte ich wirklich solches gedacht, beabsichtigt und getan, dann würde ich mich selbst aufs Schärfste verurteilen und wäre bereit zu Tausenden von Richtigstellungen, Zurücknahmen und Widerrufen: nicht nur wenn ich ein edles altes Reich wie dieses hier herabgewürdigt hätte, sondern auch im Fall eines jeden anderen Reiches, für wie barbarisch es auch gelten mag. Ebenso meine ich nicht nur jedwede Stadt, in welch zweifelhaftem Ruf sie auch stehen mag, sondern auch jedes Geschlecht, sei es noch so übel beleumundet, und jegliche Familie, für wie ungastlich sie auch angesehen werde. Denn es gibt kein Reich und keine Stadt, kein Geschlecht und keine Hausgemeinschaft, die ganz und gar von einheitlicher Gesinnung wären oder auch nur dafür gelten könnten und in denen nicht verschiedene und entgegengesetzte Verhaltensweisen anzutreffen wären, so daß dem einen gefällt, was dem anderen mißfallen mag.

ARMESSO. Gewiß – was mich betrifft, der ich das Ganze mehrmals gelesen und gründlich darüber nachgedacht habe, ich finde Euch zwar im einzelnen vielleicht gar zu überströmend, doch sehe ich im großen und ganzen, daß Ihr be-

herrscht, besonnen und umsichtig vorgeht. Aber das Gerücht hat sich nun einmal so verbreitet, wie ich es Euch sage.
ELITROPIO. Dieses wie auch andere Gerüchte entspringen der Gemeinheit einiger, die sich getroffen fühlen. Auf Rache sinnend, doch im Bewußtsein ihrer Unzulänglichkeit, was eigene Vernunft, Gelehrsamkeit, Talent und Kraft anlangt, erfinden sie alle möglichen Lügen – denen freilich nur ihresgleichen zu glauben vermag – und bemühen sich um Anhänger, indem sie den gegen einzelne gerichteten Tadel als allgemeine Beleidigung ausgeben.
ARMESSO. Ich hingegen glaube, daß es Personen – nicht ohne Urteil und Verstand – gibt, die für eine allgemeine Beleidigung halten, was Ihr nur hinsichtlich der Sitten ihres eigenen Standes feststellt.
FILOTEO. Nun, welcher Art sind denn die in Rede stehenden Sitten, daß nicht ähnliche, schlimmere und auffälligere nach Gattung, Art und Zahl auch in den vortrefflichsten Provinzen und Weltteilen vorkämen? Oder werdet Ihr erklären, ich sei gegenüber meinem Vaterland beleidigend und undankbar, wenn ich behaupte, daß solche und noch verderblichere Untugenden auch in Italien, in Neapel und Nola, vorkommen? Werde ich etwa damit dieses gottgesegnete Land schlechtmachen, das diesem Erdball wiederholt zugleich als Haupt und als rechte Hand gedient hat, als Lenkerin und Bezwingerin anderer Völker, von uns und anderen stets bewundert als Lehrerin, Amme und Mutter aller Tugenden und Wissenschaften, aller Bildung und gesitteten Lebensart? Wie aber, wenn das noch übertroffen würde, was gerade auch unsere Dichter besungen haben, die unser Land zugleich als Lehrmeisterin aller Laster und Ränke, aller Eigensucht und Grausamkeit hinstellen?
ELITROPIO. Das ist ganz nach den Grundsätzen Eurer Philosophie, die davon ausgeht, daß in den Prinzipien und in den nächsten Dingen die Gegensätze zur Einheit[24] werden. Aus eben diesem Grund können dieselben Geister, die zu hohen, tugendhaften und großmütigen Taten befähigt sind, in

die schlimmsten Laster hinabstürzen, wenn sie verkommen. Auch begegnet man seltenen und erlesenen Geistern eher dort, wo im allgemeinen Unwissende und Törichte verkehren. Und dort, wo es allenthalben weniger gebildet und höflich zugeht, finden sich mitunter Höflichkeit und Bildung von hohen Graden. So scheinen Vollkommenheiten und Unvollkommenheiten – wenn auch auf wechselnde Weise – vielen Völkern doch in demselben Maße gegeben zu sein.
FILOTEO. Da sprecht Ihr wahr.
ARMESSO. Bei alledem, Teofilo, schmerzt es mich – wie viele andere auch –, daß Ihr in unserem liebenswerten Vaterland auf solche Kreaturen gestoßen seid, die Euch Grund für eine Aschermittwochsklage gegeben haben, und Ihr nicht die vielen anderen kennengelernt habt, die Euch bewiesen hätten, wie sehr unser Land – mag es auch bei den Euren *»penitus toto divisus ab orbe«* [»gänzlich dem Erdkreis entlegen«]²⁵ heißen – doch dem Studium edler Wissenschaften ergeben ist wie auch der Übung in den Waffen und der Pflege ritterlicher Tugenden, vornehmer Bildung und höfischer Sitten. Darin bemühen wir uns, soweit unsere Kräfte reichen, hinter unseren Ahnen nicht zurückzustehen, so wenig wie von anderen Völkern überflügelt zu werden, besonders nicht von solchen, die sich gleichsam von Natur aus im Besitz von Ritterlichkeit, Wissenschaften, Waffenfähigkeit und Bildung wähnen.
FILOTEO. Meiner Treu, Armesso, Eurem Vortrag darf ich nicht widersprechen, ich könnte es auch nicht – weder mit Worten, noch mit Gründen, noch mit meinem Gewissen her. Denn mit großem Geschick vertretet Ihr Eure Sache so bescheiden wie wohlüberlegt. Was mich betrifft, dem Ihr nicht mit barbarischem Hochmut entgegengetreten seid, so reut es mich nun und mißfällt mir, gegen die Betreffenden so aufgebracht gewesen zu sein, daß ich Euch wie manch anderen von ehrenwertem und humanem Charakter betrübt habe. Deswegen wünschte ich, jene Dialoge wären nicht gedruckt worden, und wenn es Euch beliebt, werde ich mich darum bemühen, daß sie nicht wieder ans Licht kommen.

ARMESSO. Die Veröffentlichung Eurer Dialoge hat weder mir noch anderen hochherzig Gesinnten Betrübnis bereitet. Ganz im Gegenteil möchte ich mich dafür verwenden, daß sie auch in unsere Sprache übersetzt werden, um den wenig und schlecht Gesitteten unter uns als Lektion zu dienen. Wenn sie sehen, welches Mißfallen ihr ungehobeltes Benehmen auslöst, in welchen Zügen es beschrieben wird und welch abträgliche Wirkung davon ausgeht, dann könnten sie sich – wenn schon die gute Erziehung und das gute Beispiel der Besseren und Höherstehenden sie nicht von ihrem Wege abbringt – wenigstens aus Scham, zu Krethi und Plethi gezählt zu werden, vielleicht ändern und Manieren annehmen, indem sie lernen, daß persönliche Ehre und Tüchtigkeit nicht in der Fähigkeit und dem Wissen bestehen, wie man andere vor den Kopf stößt, sondern ganz im Gegenteil.

ELITROPIO. Wie geschickt und klug versteht Ihr, die Sache Eures Vaterlandes zu verfechten, und zeigt Euch doch nicht undankbar und unerkenntlich gegenüber den guten Diensten anderer – im Unterschied zu vielen, die an Begriffen so arm sind wie an Einfällen. Filoteo aber scheint mir nicht vorsichtig genug, um seinen Ruf zu wahren und seine Person zu verteidigen. Denn wie sich adliges und bäurisches Wesen unterscheiden, so gegensätzlich sind die von jenem zu erhoffenden und die von diesem zu befürchtenden Wirkungen. Wenn zum Beispiel ein skythischer Bauernsohn nach seinem erfolgreichen Aufstieg zum Gelehrten Ruhm erlangte und dann den Ufern der Donau den Rücken kehrte, um mit kühnem Tadel und gerechter Anklage das Ansehen und die Majestät des römischen Senats anzutasten, so würde dieser die vorgetragene Kritik und Schmähung mit einem Akt besonderer Klugheit wie Großmütigkeit beantworten und seinen strengen Kritiker mit einer Kolossalstatue ehren. Wenn aber ein römischer Edelmann und Senator unglücklicherweise durch seine Gelehrsamkeit keinen Ruhm erlangte, die lieblichen Gestade seines Tibers verließe und seinerseits mit gerechter Anklage und wohlbedachtem Tadel die skythischen

Bauern heimsuchte, so würden diese geradezu babylonische Türme mit Äußerungen größter Gemeinheit, Hinterlist und Roheit aufschichten: sie würden ihn steinigen, der Volkswut die Zügel schießen lassen, wie um den anderen Völkern zu beweisen, welch einen Unterschied es macht, auf wirkliche Menschen zu treffen oder auf solche, die nur deren Bilde ähneln.

ARMESSO. Möge niemals geschehen, verehrter Teofilo, daß es mir oder jemand anderem, der mehr Witz hätte als ich, angebracht erschiene, die von Eurer Satire Angegriffenen in Schutz zu nehmen als Landsleute, zu deren Verteidigung uns dasselbe Naturgesetz antreibt. Denn nicht zustimmen, sondern widersprechen würde ich jedem, der behauptete, jene seien Angehörige unseres Volkes, das aus ebenso edlen, kultivierten, gesitteten, höflichen, rücksichtsvollen, humanen und verständigen Bürgern besteht wie irgendein anderes. Soweit jene dennoch bei uns vorkommen, erscheinen sie gewiß nur als Unrat, Hefe, Mist und Aas derart, daß sie in keinem anderen Sinn Bestandteil eines Reiches oder einer Stadt genannt werden können als das Faulwasser im Kielraum Bestandteil des Schiffes. Von ihresgleichen brauchen wir uns nicht beleidigt zu fühlen, soll uns nicht gerechter Tadel treffen. Ihnen rechne ich auch einen großen Teil von Gelehrten und Geistlichen zu, deren etliche mit Hilfe des Doktortitels zwar vornehme Herren geworden sind, aber dafür ihren bäurischen Dünkel, den sie vorher nicht zu zeigen wagten, nun mit der Forschheit und dem Hochmut, die ihnen aus ihrem Ruf als Gelehrte und Geistliche erwachsen sind, nur um so kecker und großspuriger hervorkehren. Kein Wunder also, wenn Ihr so viele seht, die unter ihrem Doktorhut und ihrer priesterlichen Soutane mehr nach Rindvieh, Ziegenherde und Pferdestall riechen als wirkliche Pferdeknechte, Ziegenhirten und Ackersleute. Deshalb wäre es mir lieber gewesen, Ihr hättet Euch nicht so heftig gegen unsere Universität[26] ereifert, als ob Ihr ohne Nachsicht gegenüber dem Ganzen wäret und ohne Achtung vor dem, was sie gewesen ist, sein wird oder künftig sein kann und zum Teil jetzt schon ist.

FILOTEO. Seid unbesorgt! Obgleich sie bei dieser Gelegenheit zutreffend beschrieben wurde, so begeht sie doch keine Fehler, wie sie nicht auch in ähnlicher Weise an anderen Universitäten vorkommen, die sich zwar für bedeutender halten, aber doch in der albernsten Weise Doktorringe an Gäule und Doktorhüte an Esel vergeben. Dennoch spreche ich Eurer Akademie nicht ab, daß sie anfangs gut eingerichtet war mit ihren schönen Studienordnungen, der Würde der Zeremonien, dem guten Arbeitsablauf der Seminarübungen, den geschmackvollen Trachten und vielem anderen, was für eine Universität nötig ist und zu ihrer Zierde beiträgt. Daher gibt es zweifellos niemanden, der die Eure nicht als die erste in ganz Europa und mithin auf der ganzen Welt nennen müßte. Und ich leugne nicht, daß sie sich an Scharfsinn und geistiger Anmut, wie sie beide Teile Britanniens von Natur aus hervorbringen, mit den tatsächlich überragendsten messen kann, ja ihnen wohl ebenbürtig ist. Dennoch ist die Erinnerung daran geschwunden, daß die spekulativen Wissenschaften hier bereits erblüht waren, bevor sie in den anderen Teilen Europas aufkeimten, und daß von ihren Meistern in der Metaphysik – obgleich in der Sprache barbarisch und mönchisch von Beruf – der Glanz eines so seltenen wie edlen, wenn auch heute fast vergessenen Zweiges der Philosophie auf alle anderen Akademien in den nicht von Barbaren bewohnten Ländern ausstrahlte. Aber was mich verstimmt hat und zugleich zürnen und hohnlachen macht, ist der Umstand, daß ich hier die besten Römer und Athener der Sprache nach antreffe, die sich jedoch im übrigen – allgemein gesprochen – zugute halten, ganz und gar ihren Vorgängern unähnlich, ja entgegengesetzt zu sein. Diese freilich, wenig angetan von der Kunst der Beredsamkeit und der Zucht der Grammatik, waren ganz der philosophischen Spekulation ergeben, was die Heutigen als Sophisterei abtun. Ich dagegen lobe mir die Metaphysik, in der jene ihren Lehrmeister Aristoteles übertroffen haben (wenn sie auch getrübt und verunreinigt wurde durch mancherlei eitle Schlüsse und Lehrsätze, die weder philosophisch noch theologisch sind, sondern müßigem und fehlgeleitetem Denken entspringen) – gilt sie mir doch mehr als all das, was diese Größen des gegenwärtigen Zeitalters an ciceronianischer Beredsamkeit und deklamatorischer Kunst aufbieten.

ARMESSO. Allerdings ist dergleichen nicht zu verachten.

FILOTEO. Gewiß nicht. Aber vor die Wahl gestellt, sich für das eine oder das andere zu entscheiden, würde ich die Bildung des Geistes, in so dürftigem Gewand sie auch auftreten mag, noch so großer Gewandtheit in Wort und Rede vorziehen.

ELITROPIO. Das erinnert mich daran, wie Bruder Ventura jene Stelle aus der Heiligen Schrift erklärte, in der es heißt: *»reddite quae sunt Caesaris Caesari«* [»Gebt dem Kaiser, was des Kaisers ist«],[27] und dabei die Namen aller Münzen aufzählte, die es zu den Zeiten der Römer gab, mit Angabe der Prägung und des Gewichts, um so seine Gelehrsamkeit und sein gutes Gedächtnis herauszustreichen. Waren es doch über hundertzwanzig Namen, von denen man nicht wissen konnte, aus welchen historischen Schmökern und vermaledeiten Schwarten er sie zusammengeklaubt hatte – bis nach der Predigt ein Biedermann auf ihn zutrat und bat: »Ehrwürdiger Vater, seid so gnädig und leiht mir einen Carlin!«[28] Darauf antwortete ihm der Mönch, daß er dem Bettelorden angehöre.

ARMESSO. Wozu erzählt Ihr das?

ELITROPIO. Ich will damit sagen, daß diejenigen, die in den Redensarten und den Namen der Dinge beschlagen sind, ohne den Dingen auf den Grund zu gehen, dieselben Maul-Esel reiten wie jener ehrwürdige Vater der Maultiere.

ARMESSO. Doch glaube ich, daß sie – neben dem Studium der Beredsamkeit, in der sie alle ihre Vorgänger übertreffen und den übrigen Modernen nicht nachstehen – auch in der Philosophie und den anderen spekulativen Wissenschaften keineswegs Bettler sind. Denn ohne darin bewandert zu sein, kann keiner von ihnen einen akademischen Titel erwerben; bestimmen doch die Statuten der Universität, an die sie durch Eid gebunden sind: »*Nullus ad Philosophiae et Theologiae magisterium et doctoratum promoveatur, nisi epotaverit e fonte Aristotelis.*« [»Niemand soll zur Magister- oder Doktorwürde promoviert werden, der nicht aus der Quelle des Aristoteles getrunken hat.«]

ELITROPIO. Oh, ich will Euch sagen, wie sie es angefangen haben, nicht meineidig zu werden. Von den drei Brunnen, die sich im Bereich der Universität befinden, haben sie den einen auf den Namen »*Fons Aristotelis*« [»Quelle des Aristoteles«] getauft, den anderen nennen sie »*Fons Pythagorae*« [»Quelle des Pythagoras«] und den dritten »*Fons Platonis*« [»Quelle des Platon«]. Da sie nun aus diesen drei Brunnen – die freilich auch die Tränke für Rindvieh und Pferde speisen – das Wasser gewinnen, um Bier und Met zu brauen, gibt es folglich niemanden, der nach drei oder vier Tagen Aufenthalt in den Studien- und Internatsgebäuden nicht reichlich aus der Quelle des Aristoteles getrunken hätte, wie auch aus der des Pythagoras und der des Platon.

ARMESSO. Ach, Ihr sprecht nur allzu wahr! Daher kommt es, lieber Filoteo, daß die Doktortitel wie die Sardellen billig zu haben sind: Wie es wenig Mühe kostet, sie in die Welt zu setzen, aufzufinden und zu fischen, so erzielen sie auch nur einen geringen Preis. Nicht anders steht es bei uns um die Masse der Doktoren – mit Ausnahme einiger Berühmtheiten an Redegewandtheit, Gelehrsamkeit und Lebensart, wie zum Beispiel Tobias Matthaeus, Culpeper[29] und andere, deren Namen ich nicht nennen kann. So kommt es, daß jemand, wenn er sich Doktor nennt, bei weitem den Eindruck verfehlt, ein neues Adelsprädikat erworben zu haben, sondern bezüglich Natur und Stand eher umgekehrt eingeschätzt wird, wenn er nicht gerade besonders bekannt ist. Daher schämen sich diejenigen, die von Geburt oder auf andere Weise adlig sind, einen akademischen Titel zu erwerben, während doch gelehrte Bildung den wichtigsten Teil ihres Adels ausmacht. Statt sich Bildung verbriefen zu lassen, genügt es ihnen, gebildet zu sein. Auch sind ihrer an den Höfen mehr anzutreffen, als Pedanten an den Universitäten begegnen.

FILOTEO. Laßt es Euch nicht verdrießen, Armesso! Denn wo auch immer es Doktoren und Priester gibt, da sind sie von zweierlei Art: zum einen wirklich Gelehrte und wahre Geistliche, die, mögen sie auch von niederer Herkunft sein, dennoch gebildet und adlig sind, da die Wissenschaft einer der besten Wege ist, um dem menschlichen Geist eine heroische Gesinnung zu verleihen; zum anderen solche, die sich um so gewöhnlicher und niedriger ausnehmen, je deutlicher sie bemüht sind, mit dem lauten Donnern des *divum pater* [des Göttervaters] oder des Riesen Salmoneus[30] mitzuhalten, indem sie mit furchterregender und gebieterischer Miene nach Art purpurn gekleideter Satyrn oder Faune einherschreiten, nachdem sie vom Katheder des Rektors aus die Deklination von *hic, et haec, et hoc nihil* bestimmt haben.

ARMESSO. Dabei wollen wir es belassen. – Was für ein Buch habt Ihr denn da in der Hand?

FILOTEO. Es sind Dialoge.

ARMESSO. Euer Gastmahl?

FILOTEO. Nein.

ARMESSO. Was dann?

FILOTEO. Andere, die nach unserer Methode von der Ursache, dem Prinzip und dem Einen handeln.

ARMESSO. Und wer sind die Gesprächspartner? Vielleicht wieder ein so verteufelter Frulla oder Prudentio, die uns von neuem in Ungelegenheiten bringen?

FILOTEO. Keine Bange! Bis auf einen sind es lauter ruhige und höchst ehrenwerte Leute.

ARMESSO. So werden wir doch – nach Euren Worten – auch von diesen Dialogen einiges verwerfen müssen.

FILOTEO. Keine Bange! Eher wird man Euch kratzen, wo es Euch juckt, als reizen, wo es Euch schmerzt.

ARMESSO. Wirklich?
FILOTEO. Zum ersten begegnet Ihr hier dem so gelehrten wie ehrbaren und liebenswürdigen Alexander Dicsono, diesem kultivierten treuen Freunde, den der Nolaner liebt wie seinen Augapfel und der die Entstehung dieser Dialoge veranlaßt hat. Er wird eingeführt als jemand, der den Stoff für die Erörterungen des Teofilo liefert. Als zweiten habt Ihr dann diesen Teofilo, also mich, der ich je nach Gelegenheit ein gegebenes Thema meinen Distinktionen, Definitionen und Demonstrationen unterziehe. Drittens ist da Gervasio, zwar kein Mann unserer Zunft, aber der Kurzweil wegen darauf neugierig, an unseren Gesprächen teilzuhaben. Persönlich weder anziehend noch abstoßend, treibt er sein Spiel mit den Auslassungen des Polihimnio, dem er von Zeit zu Zeit Gelegenheit gibt, seine Tollheit frei auszuleben. Als vierter folgt dieser gottverlassene Pedant selbst, einer jener gestrengen Kritiker der Philosophen, der sich darob ein Momus[31] wähnt; ein für die Herde der Scholastiker eingenommener Heißsporn, der sich im Sinn Platonischer Liebe einen geschworenen Feind des weiblichen Geschlechtes nennt, und – der Naturphilosophie abhold – für Orpheus, Musäus[32], Tityrus[33] und Amphion sich hält. Überhaupt ist er einer von jener Sorte, die, kaum daß sie eine gelungene Satzkonstruktion zu Papier gebracht, ein elegantes Brieflein abgefaßt, eine hübsche Phrase aus der Küche Ciceros[34] aufgelesen, von sich reden machen in Worten wie: »Da ist Demosthenes[35] wiedererstanden, da blüht Tullius[36], da lebt Sallust[37]; da ist ein Argus[38], dessen Augen kein Buchstabe, keine Silbe, keine Redensart entgeht; da Rhadamanthys[39], *umbras vocat ille silentum* [der die Schatten der Unterwelt ruft]; da Minos, König von Kreta, *urnam movet* [der die Urne schüttelt].« Man begutachtet die Ausdrucksweisen, man erörtert den Satzbau, um zu bemerken: »Das schmeckt nach Dichtung, dies nach Lustspiel, jenes nach großer Rede; dies hier klingt würdevoll, das da lockerentspannt, dies wieder ist erhaben, und jenes dort folgt dem *humile dicendi genus* [dem alltäglich-niedrigen Stil]; diese

Wendung klingt rauh – soundso lautend, wäre sie geglättet. Dies ist ein Grünschnabel, der vom Altertum kaum eine Ahnung hat: *non redolet Arpinatem, desipit Latium* [von dem Arpinaten[40] hat er keine Spur, und das Latein verwässert er]! Dieser Ausdruck ist nicht toskanisch, weder von Boccaccio[41] und Petrarca[42] gebraucht, noch von anderen bewährten Autoren. Die richtige Schreibweise ist nicht *homo*, sondern *omo*; nicht *honore*, sondern *onore*; nicht *Polihimnio*, sondern *Poliinnio*.«[43] Das macht ihn triumphieren und zufrieden mit sich selbst; es gefallen ihm die eigenen Taten mehr als alles andere. Er ist ein Jupiter, der von hoher Warte das so vielen unnötigen Irrtümern, Unglücksfällen, Entbehrungen und Mühen unterworfene Leben der übrigen Menschen betrachtet und beobachtet. Er allein ist glücklich; er allein lebt ein himmlisches Leben, während er die eigene Göttlichkeit im Spiegel einer Anthologie, eines Wörterbuchs, eines Calepino[44], eines Glossars, einer Cornucopia oder eines Nizolius bewundert. Von solcher Selbstgefälligkeit getragen, ist er sich selbst alles, wohingegen jeder andere nur ein Einzelner ist. Wenn er lacht, nennt er sich Demokrit[45], wenn er leidet, Heraklit; disputiert er, so heißt er Chrysipp[46], philosophiert er, Aristoteles; phantasiert er, dann ist er Platon, blökt er eine kümmerliche Rede her, Demosthenes; und wenn er den Vergil erläutert, [Vergilius] Maro[47] selbst. Da schulmeistert er Achill, lobt er Äneas, tadelt er Hektor, beschimpft er Pyrrhus, betrauert er Priamus, klagt er Turnus an, entschuldigt er Dido, rühmt er Achates und schließlich, indem er *verbum verbo reddit* [Wort für Wort wiedergibt] und wilde Synonyme anhäuft, *nihil divinum a se alienum putat* [meint er, nichts Göttliches sei ihm fremd][48]. Solchermaßen aufgeblasen steigt er vom Katheder nieder als einer, dem es gegeben ward, die Himmelreiche zu ordnen, die Senate zu lenken, Heere zu besiegen und den Geist der Völker zu erneuern. Dabei ist er sich gewiß, daß, wenn die ungerechten Zeitläufte nicht wären, er verwirklichen würde, was er in der Einbildung vollendet. *O tempora, o mores!* [O weh, die Zeiten!

Ach, die Sitten!]⁴⁹ Wie dünn gesät sind doch diejenigen, denen die Natur der Partizipien, der Adverbien und der Konjunktionen vertraut ist. Wieviel Zeit war vergangen, bis man den Sinn und den wahren Grund dafür fand, daß Adjektivum und Substantivum übereinstimmen müssen, sich das Relativum nach seinem Bezugswort zu richten hat, welcher Regel zufolge es bald davor, bald danach steht, und aufgrund welcher Maßstäbe und Ordnungen die Interjektionen von Freude und Leid verteilt werden wie *heu, oh, ahi, ah, hem, ohe, hui* zusammen mit anderen würzigen Zutaten, ohne die jegliche Rede ganz und gar fade wäre.

ELITROPIO. Sagt, was Ihr wollt, und denkt darüber, wie es Euch beliebt: ich behaupte, daß es für das Glück des Lebens besser ist, sich Krösus⁵⁰ zu dünken und arm zu sein, als sich für arm zu halten und ein Krösus zu sein. Ist es deinem Wohlbehagen nicht dienlicher, eine Hexe zu freien, die dir schön erscheint und dich zufriedenstellt, als eine Leda⁵¹ oder eine Helena, die dich langweilt und dir widerlich wird? Was macht es also jenen aus, unwissend zu sein und niedrigen Beschäftigungen nachzugehen, wenn sie um so glücklicher sind, je zufriedener sie mit sich selbst sind? So tut frisches Gras dem Esel gut, Gerste dem Pferd und dir würziges Brot mit Rebhuhn. So ist dem Schwein, das von Eicheln und Brühe lebt, ebenso wohl wie Jupiter bei Ambrosia und Nektar. Wollt Ihr vielleicht jene aus ihrem süßen Wahn reißen, damit sie Euch dafür dann den Schädel einschlagen? Wobei noch offen bleibt, wer zu sagen wüßte, ob dieses oder jenes Tollheit ist. Ein Pyrrhonianer⁵² zum Beispiel würde fragen: »Wer weiß, ob unser Dasein nicht der Tod ist und diejenigen leben, die wir ›verstorben‹ nennen?« Auch wäre zu bedenken, ob nicht alles Glück und die wahre Seligkeit in der geregelten Verbindung und Anordnung der Satzglieder besteht.

ARMESSO. So ist die Welt nun einmal: Wir werfen uns zum Demokrit über die Pedanten und Wortkrämer auf, die geschäftigen Höflinge zum Demokrit über uns, und die wenig denkfreudigen Mönche und Priester demokritisieren⁵³ über uns alle – umgekehrt spotten die Pedanten über uns, wir über die Höflinge und alle über die Mönche. Einer gibt den Narren des andern ab, woraus zu ersehen ist, daß wir alle zwar von verschiedener Art sind, aber grammatisch in Genus, Numerus und Casus übereinstimmen.

FILOTEO. Von wechselnder Art und Weise sind daher die gegenseitigen Verurteilungen und mannigfaltig ihre Grade; aber die schärfsten, härtesten, schrecklichsten und grausamsten stammen von unseren Erzschulmeistern. Dafür müssen wir vor ihnen die Knie beugen, den Kopf neigen, die Augen verdrehen, die Hände erheben, dabei seufzen, weinen, schreien und um Gnade flehen. So wende ich mich denn an euch, die ihr den Heroldsstab Merkurs[54] in Händen haltet, um die Streitfragen zu entscheiden und die Probleme zu klären, die unter Sterblichen wie unter Göttern auftreten; ebenfalls an euch, ihr Satiriker, die ihr wie Menippos[55] auf der Mondkugel sitzend mit zusammengekniffenen Augen und gesenktem Blick auf uns und unser Tun herabseht, voller Widerwillen und Verachtung; auch an euch, ihr Schildknappen der Pallas [Athene], Bannerträger der Minerva, Vögte Merkurs, Küchenmeister Jupiters, Begleiter Apolls, Handlanger des Epimetheus[56], Kellermeister des Bacchus, Ansporner der Bacchantinnen, Peitschenschwinger der Hedoniden[57], Antreiber der Thyaden, Aufwiegler der Mänaden, Anstifter der Bassariden, Reiter der Mimalloniden, Liebhaber der Nymphe Egeria[58], Lenker des Enthusiasmus, Demagogen des irrenden Volkes, Entzifferer des Demogorgon[59], Dioskuren[60] zweifelhafter Wissenschaften, Schatzmeister des Pantamorphos[61] und geweihte Böcke des Hohenpriesters Aaron[62]: euch empfehlen wir unsere Prosa, eurem Urteil unterwerfen wir unsere Musen wie auch unsere Prämissen, Subsumtionen, Digressionen, Parenthesen, Applikationen, Klauseln, Perioden, Konstruktionen, Attribute und Epitheta. O ihr liebreizenden Wassergeister, die ihr mit geblümter Rede uns der Vernunft beraubt, das Herz fesselt, die Sinne bezaubert, aber auch unsere wollüstigen Phantasien in Gewahrsam nehmt: erkennt hinter unseren Wortverdrehungen die gute Absicht, bringt Ordnung in unsere verwilderten Sätze, verschließt die übelriechenden Schlünde, entmannt unsere Silene, zügelt unsere Mehrdeutigkeiten, beschneidet unsere Weitschweifigkeiten, füllt unsere Ellipsen[63] aus, vermindert unsere Tautologien[64], mäßigt unsere Spitzfindigkeiten, verzeiht unsere Schmähreden! Ich beschwöre euch nun allesamt und besonders dich, du strenger, grimmiger und ungehaltener Magister Polihimnio, die blinde Wut und den frevelhaften Haß auf das edle weibliche Geschlecht fahren zu lassen und nicht das Schönste zu verschrecken, das die Erde ziert und dem Himmel eine Augenweide ist. Kommt wieder zu euch und besinnt euch auf euren Geist, um zu erkennen, daß dieser euer Unwille nichts anderes ist als ausgesprochener Wahnsinn und wilde Raserei. Wer ist mehr von Sinnen und ein größerer Tor als jener, der für das Licht blind ist? Welche Tollheit kann verwerflicher sein, als des Geschlechtes wegen zum Feind der Natur selbst zu werden wie jener barbarische König von Sarza[65], der – als euer gelehriger Schüler – sprach:

»Vollkommen Ding Natur nicht kann gestalten,
Wird doch zu Recht für weiblich sie gehalten.«

Bedenkt einmal, wie es sich in Wahrheit verhält; seht auf zum Baum der Erkenntnis des Guten und Bösen, erkennt den Widerspruch und den Gegensatz zwischen beiden und achtet darauf, was männlich, was weiblich ist: Hier bemerkt ihr als zugrundeliegende Substanz den Körper, euren männlichen Freund, dort die Seele, eure weibliche Feindin; hier den männlichen Wirrwarr, dort die weibliche Ordnung; hier den Schlaf, dort die Wachsamkeit; hier den Stumpfsinn, dort die Erinnerung; hier den Haß, dort die Freundschaft; hier den Argwohn, dort die Vertrautheit; hier den Starrsinn, dort die Gefälligkeit; hier den Zorn, dort die Friedlichkeit; hier den Aufruhr, dort die Ruhe; hier den Irrtum, dort die Wahrheit; hier den Mangel, dort die Vollkommenheit; hier den Höllenschmerz, dort die Glückseligkeit; hier den Pedanten Polihimnio, dort die Muse Polihymnia⁶⁶ – kurz, alle Fehler, Mängel und Frevel sind männlich, wie alle Tugenden, Tüchtigkeiten und Vollkommenheiten weiblich sind. Daher werden die Klugheit, die Gerechtigkeit, die Tapferkeit, die Mäßigkeit, die Schönheit, die Majestät, die Würde, die Göttlichkeit so benannt, so verstanden, so beschrieben, so gemalt, und so sind sie auch. Um nun diese theoretischen, begrifflichen und grammatikalischen Beweisgründe zu verlassen – die so ganz eurem Denkstil entsprechen – und zu den natürlichen, wirklichen und praktischen zu kommen: muß nicht das folgende Beispiel allein genügen, um dir die Zunge zu knebeln, den Mund zu stopfen und dich zusammen mit deinesgleichen zu widerlegen – wenn man dich nämlich auf die Suche schickte, einen Mann zu finden, tüchtiger als die göttliche Elisabeth⁶⁷ oder ihr, der Königin von England auch nur ebenbürtig? Hat sie doch der Himmel so reich begabt, erhöht, begünstigt, geschirmt und beschützt, daß es keinem mit Worten oder Taten gelänge, sie zu entthronen. Ich sage euch, niemand im ganzen Reich ist würdiger als diese edle Frau, niemand ist heldenmütiger unter den Adligen, niemand gelehrter unter den Professoren, niemand weiser unter den Staatsräten. Auch die Schönheit ihrer Gestalt, ihre Kenntnis der Volks- und Gelehrtensprache, ihre Bildung in den Künsten und Wissenschaften, die Klugheit ihrer Regentschaft, das Glück ihres hohen und weitverbreiteten Ansehens – was dies und all ihre übrigen natürlichen und moralischen Vorzüge anlangt, so sind dagegen nichts Frauen wie Sophonisbe⁶⁸, Faustina⁶⁹, Semiramis⁷⁰, Dido⁷¹, Kleopatra und all jene, deren sich Italien, Griechenland, Ägypten und andere Länder Europas und Asiens in ihrer Geschichte bisher rühmen konnten. Zum Beweis nenne ich ihre Taten und ihre glänzenden Erfolge, die unser Jahrhundert mit edlem Staunen bewundert: Während durch Europas Lande zornig der Tiber strömt, bedrohlich der Po, wild die Rhone, blutig die Seine, tobend die Garonne, reißend der Ebro, stürmisch der Tajo, gequält die Maas und ruhelos die Donau,[72] hat sie mit dem Glanz ihrer Augen seit mehr als fünf Lustren[73] den großen Ozean befriedet, der in ständigem Wechsel von Ebbe und Flut fröhlich und friedlich in seinem weiten Schoß die geliebte Themse aufnimmt, die frei von aller Furcht und Pein sicher und heiter dahinfließt, sich zwischen Wiesenrainen hin und her windend. Nun, um noch einmal von vorn zu beginnen, so...

ARMESSO. Schweig, schweig, Filotéo! Bemühe dich nicht weiter, das Wasser unseres Ozeans und das Licht der Sonne zu vermehren. Laß davon ab, dich entrückt zu zeigen – um nicht noch Schlimmeres zu sagen – und dabei mit dem abwesenden Polihimnio zu streiten. Bring uns lieber etwas aus deinem Dialog hier zu Gehör, damit wir nicht müßig Tag und Stunde vergeuden.

FILOTEO. Da nehmt und lest.

Zweiter Dialog

Gesprächspartner: Dicsono Arelio[1], Teofilo, Gervasio,
Polihimnio

DICSONO. Verzeiht, Magister Polihimnio, und du Gervasio, unterbrecht nicht weiter unsere Reden!
POLIHIMNIO. *Fiat!* [So sei es denn!]
GERVASIO. Wenn dieser hier, der Magister, spricht, dann kann ich gewiß nicht schweigen.
DICSONO. Ihr, Teofilo, behauptet doch, daß alles, was nicht selbst erstes Prinzip und erste Ursache *ist*, ein Prinzip und eine Ursache[2] *habe*?
TEOFILO. Zweifellos und ohne jede Widerrede.
DICSONO. Seid Ihr also der Ansicht: wer die Dinge kennt, die Ursache und Prinzip haben, der kenne auch die Ursache und das Prinzip selbst?
TEOFILO. Nicht leicht die nächste Ursache und das nächste Prinzip, sehr schwer auch nur die Spur der ersten Ursache und des ersten Prinzips.
DICSONO. Wie erklärt Ihr dann, daß die Dinge, die sowohl erste als auch nächste Ursache sowie erstes und nächstes Prinzip haben, wahrhaft erkannt werden, wenn sie doch der Wirkursache[3] nach, die als eine unter anderen zur wirklichen Erkenntnis der Dinge beiträgt, im dunkeln bleiben?
TEOFILO. Es ist ein leichtes, Methoden der Beweisführung vorzuschreiben, schwer aber ist es, den Beweis auch anzutreten. So bequem es ist, die Begründungen, die Bedingungen und die Methode einer Wissenschaft von vornherein festzulegen, so schwer tun sich unsere ›Methodiker‹ und ›Analytiker‹, wenn es darangeht, ihre theoretischen Instrumente[4] und methodischen Prinzipien, ihre ›Kunst der Künste‹[5] anzuwenden.
GERVASIO. Wie jene, die schöne Degen zu fertigen wissen, sie aber nicht führen können.

POLIHIMNIO. *Ferme!* [Still doch!]

GERVASIO. Gestohlen kannst du mir bleiben, auf daß dich keiner mehr wiederfinde!

TEOFILO. Nach dem von mir Gesagten halte ich es für unzumutbar, daß der Naturphilosoph alle Ursachen und Prinzipien anführe, vielmehr kann er sich doch auf die physischen allein beschränken, und zwar auf deren wesentliche und dem Einzelfall angemessene. Wenn man auch über die Dinge, insofern sie von erstem Prinzip und erster Ursache abhängen, so spricht, daß man sagt, sie ›haben‹ jene Ursache und jenes Prinzip, so ist dennoch die darin ausgedrückte Beziehung nicht so eng, als daß aus der Erkenntnis des einen die des anderen folgte. Daher kann man auch nicht fordern, daß beide in ein und dieselbe Wissenschaft gehören.

DICSONO. Wie nun das?

TEOFILO. Weil wir, ausgehend von der Erkenntnis aller abhängigen Dinge, bestenfalls auf die Spur der Erkenntnis des ersten Prinzips und der ersten Ursache kommen können. Entspringt doch das All Seinem Willen und Seiner Güte, die das Prinzip Seiner Tätigkeit, Seiner alles umfassenden Schöpfung, bilden. Dasselbe gilt auch für das Verständnis der Kunstwerke, insofern jemand, der eine Statue betrachtet, nicht den Bildhauer betrachtet. Wer das Bild der Helena anschaut, sieht nicht Apelles[6], sondern das Werk seiner Tätigkeit, das sich seinem herausragenden Genie verdankt. All dies jedoch zählt nur zu den Wirkungen der Akzidenzien und Bestimmungen der Substanz[7] jenes Mannes, der darin seinem absoluten Wesen nach gänzlich unerkannt bleibt.

DICSONO. Die Erkenntnis des Universums bedeutet also nicht, etwas über das Wesen und die Substanz des ersten Prinzips zu wissen, sondern nur die Akzidenzien der Akzidenzien zu kennen.

TEOFILO. Gewiß! Aber ich möchte nicht, daß Ihr mich so versteht, als gäbe es Akzidenzien in Gott, oder als könne Er aufgrund Seiner Akzidenzien erkannt werden.

DICSONO. Es sei mir fern, Euch solch kurzen Verstand zu

unterstellen. Weiß ich doch, daß es einen Unterschied macht, von den Dingen außerhalb der göttlichen Natur zu sagen, sie seien bloße Akzidenzien, oder sie seien Seine Akzidenzien, oder aber sie seien *wie* Seine Akzidenzien. Mit dieser letzten Ausdrucksweise wollt Ihr – wie ich glaube – die Wirkungen der göttlichen Tätigkeit bezeichnen, die zwar die Substanz der Dinge, ja die natürlichen Substanzen selbst sind; und dennoch sind sie nur wie die entferntesten Akzidenzien, wenn es um die angemessene Erkenntnis des übernatürlichen göttlichen Wesens geht.

TEOFILO. Wohl gesprochen!

DICSONO. Weil also die göttliche Substanz unendlich ist und sich überaus weit entfernt von ihren Wirkungen hält, welche die äußerste Grenze unseres Erkenntnisvermögens darstellen, so können wir unmittelbar von ihr gar nichts wissen, sondern nur ihre ›Spur‹ erkennen, wie die Platoniker sagen, ihre ›entfernte Wirkung‹ – in den Worten der Peripatetiker[8], ihre ›Hülle‹ – im Sinne der Kabbalisten[9], ihre ›Rückansicht‹ – nach der Lehre der Talmudisten[10] oder – mit den Apokalyptikern zu reden – nur ihr ›Spiegelbild‹, ihren ›Schattenriß‹, ihre Verschlüsselung im ›Rätsel‹.

TEOFILO. Dies um so mehr, als wir das Universum, dessen Substanz und Prinzip so schwer zu erkennen sind, nicht einmal im ganzen anschauen, so daß wir dessen erstes Prinzip und erste Ursache aus ihrer Wirkung weit weniger ergründen können als das Wesen des Apelles, wenn wir die von ihm gemalten Figuren betrachten. Denn diese lassen sich vollständig ins Auge fassen – im Gegensatz zu der großen und unendlichen Wirkung der göttlichen Allmacht. Daher kann auch das hier benutzte Gleichnis nicht als angemessener Vergleich gewertet werden.

DICSONO. Fürwahr! Auch ich versteh' es so.

TEOFILO. Da wird es sich empfehlen, über ein so erhabenes Thema sich des Redens lieber zu enthalten.

DICSONO. Ganz meiner Meinung. Denn für Moral und Theologie genügt es, nur so viel von dem ersten Prinzip zu wissen, wie uns die höheren Mächte durch den Mund ihrer Propheten offenbart haben. Außerdem lehrt nicht nur jedes Gesetz und jede Theologie, sondern auch jede neuere Philosophie, daß es ein Zeichen ungläubigen und verwirrten Geistes ist, sich auf die Ergründung und Bestimmung von Dingen zu stürzen, welche die Grenzen unseres Verstandes übersteigen.

Teofilo. Gut so; aber doch verdienen weniger diese Tadel als jene höchstes Lob, die sich um die Erkenntnis von Prinzip und Ursache bemühen, um deren Größe so weit wie möglich zu erfassen, indem sie mit Besonnenheit ihre Augen auf die prächtigen Gestirne und leuchtenden Himmelskörper richten, die ebenso viele bewohnte Welten, gewaltige Organismen und erhabene Gottheiten sind; die unzählige Welten zu sein scheinen und es auch wirklich sind – nicht allzu unähnlich dieser hier, die uns beherbergt. Doch während sie das Sein nicht durch sich selbst haben können, da sie zusammengesetzt und somit zerstörbar sind (obgleich sie deshalb nicht wert sind, zerstört zu werden, wie es treffend im *Timaios*[11] heißt), ist es notwendig, daß sie Prinzip und Ursache kennen und folglich mit der Größe ihres Seins, Lebens und Wirkens in einem unendlichen Raum mit ihren zahllosen Stimmen die ewige Herrlichkeit und Majestät des ersten Prinzips und der ersten Ursache verkünden und rühmen. Wir wollen uns nun – mit Eurer Billigung – dieser Betrachtung, soweit sie über jeden Sinn und Verstand hinausgeht, entschlagen, um das Prinzip und die Ursache zu erörtern, insofern diese sich in ihren Spuren oder in der Natur selbst finden, oder auch in deren weiten Schoß erstrahlen. Stellt mir also Eure Fragen in geordneter Reihenfolge, wenn Ihr wollt, daß meine Antworten geordnet aufeinander folgen.

Dicsono. Einverstanden! Aber zuerst möchte ich wissen, ob Ihr die von Euch benutzten Begriffe ›Ursache‹ und ›Prinzip‹ als synonyme Bezeichnungen verwendet.

Teofilo. Nein.

Zweiter Dialog 55

DICSONO. Welcher Unterschied besteht also zwischen den beiden Begriffen?

TEOFILO. So hört! Wenn wir Gott das erste Prinzip und die erste Ursache nennen, dann verstehen wir darunter ein und dasselbe Ding, nur in verschiedenen Beziehungen; wenn wir dagegen von Prinzipien und Ursachen in der Natur sprechen, so meinen wir verschiedene Dinge in verschiedenen Beziehungen. Wir nennen Gott erstes Prinzip, insofern alle Dinge ihm nachgeordnet sind in einer bestimmten Reihenfolge des Früher oder Später gemäß der Natur, der Dauer oder der Würde. Wir bezeichnen Gott als erste Ursache, insofern alle Dinge von ihm unterschieden sind, wie die Wirkung vom Bewirkenden und das Hervorgebrachte vom Hervorbringenden. Diese beiden Beziehungen unterscheiden sich zugleich, weil nicht jedes Ding, das früher und würdiger ist, auch die Ursache dessen ist, was später und weniger würdig ist, und weil nicht jedes Ding, das Ursache ist, auch früher und würdiger ist als das, was verursacht ist – was jedem einsichtig wird, der gründlich darüber nachdenkt.

DICSONO. Nun erklärt, welchen Unterschied ihr zwischen Ursache und Prinzip in der Natur macht.

TEOFILO. Wiewohl gelegentlich der eine Begriff statt des anderen gebraucht wird, ist dennoch – genau genommen – nicht jedes Ding, das Prinzip ist, auch Ursache: denn der Punkt ist das Prinzip der Linie, aber nicht ihre Ursache; der Augenblick ist das Prinzip der Tätigkeit, [jedoch nicht deren Ursache]; der Zeitpunkt am Anfang der Bewegung ist das Prinzip der Bewegung, aber nicht ihre Ursache; die Voraussetzungen sind das Prinzip der Beweisführung, aber nicht deren Ursache. Daher ist ›Prinzip‹ gegenüber ›Ursache‹ der allgemeinere Begriff.

DICSONO. Indem Ihr also die beiden Begriffe auf bestimmte eigentliche Bedeutungen beschränkt – wie es im neueren Sprachgebrauch üblich ist –, scheint Ihr mir unter ›Prinzip‹ dasjenige zu verstehen, das innerlich zur Erzeugung eines Dinges beiträgt und dann im Hervorgebrachten verbleibt;

wie Materie und Form im Zusammengesetzten vorhanden bleiben, oder auch wie die Elemente, aus denen sich ein Ding zusammensetzt und in die es wieder zerfällt. ›Ursache‹ hingegen nennt Ihr, was äußerlich zur Hervorbringung der Dinge beiträgt und sein Wesen außerhalb der Zusammensetzung hat; wie die Wirkursache und der Zweck, auf den das Hervorgebrachte ausgerichtet ist.

Teofilo. Ganz richtig.

Dicsono. Nachdem wir nun den Unterschied zwischen den beiden Begriffen bestimmt haben, hätte ich gern, daß Ihr Eure Aufmerksamkeit erst den Ursachen und dann den Prinzipien zuwendet. Was nun die Ursachen betrifft, so möchte ich zunächst über die erste bewirkende Ursache belehrt werden, dann über die Formursache, die – wie Ihr sagt – mit der bewirkenden verbunden ist, und schließlich über die Zweckursache, die jene in Bewegung setzen soll.

Teofilo. Diese von Euch vorgeschlagene Anordnung ist ganz nach meinem Sinn. Was nun die bewirkende Ursache betrifft, so behaupte ich, daß die universale physische Wirkursache der universale Intellekt[12] ist, der als erstes und hauptsächliches Vermögen der Weltseele[13] zugleich die universale Form des Weltalls bildet.

Dicsono. Damit scheint Ihr mir die Ansicht des Empedokles[14] zu vertreten, aber auf eine sicherere, deutlichere und entwickeltere Weise, ja überdies auch in einem tieferen Sinne – soviel ich aus Euren Worten entnehmen kann. Erweist uns also den Gefallen und laßt Euch herbei, alles im einzelnen auszuführen und zuerst zu erklären, was es mit diesem ›universalen Intellekt‹ auf sich hat.

Teofilo. Der universale Intellekt ist das innerste, wirklichste, ureigene Vermögen und der potentielle Teil der Weltseele. In sich gleichbleibend, erfüllt er das All, erleuchtet das Universum und leitet die Natur an, ihre Arten hervorzubringen, so wie es ihr zukommt. Er verhält sich zur Hervorbringung der natürlichen Dinge wie unser Intellekt zur entsprechenden Hervorbringung der Erzeugnisse des Denkens. Die

Pythagoreer nennen ihn ›Beweger und Antreiber des Universums‹, vergleichbar den Worten des Dichters, der da sagt:

> *totamque infusa per artus*
> *Mens agitat molem et toto se corpore miscet.*
>
> [alle die Glieder durchströmend,
> Ganz mit dem Leibe vereint, so beweget der Geist die Materie.]¹⁵

Von den Platonikern wird er ›Baumeister der Welt‹¹⁶ genannt. Dieser Baumeister, sagen sie, tritt aus der höheren Welt, die ganz und gar *eine* ist, in die sinnliche Welt ein, die vielfach unterteilt ist und in der nicht nur Freundschaft, sondern – wegen der Trennung der Teile – auch Zwietracht herrscht. Indem dieser Intellekt, ruhig und unbeweglich bleibend, etwas von sich in die Materie ergießt, bringt er das All hervor. Er wird von den Magiern ›der fruchtbarste der Samen‹ – oder auch ›Sämann‹ – genannt; befruchtet er doch die Materie mit allen Formen, die er ihrer Art und Beschaffenheit gemäß gestaltet, ausbildet und mit so vielen wunderbaren Ordnungen verwebt, wie sie weder dem Zufall zugeschrieben werden können noch einem anderen Prinzip, das nicht zu unterscheiden und zu ordnen vermöchte. Orpheus¹⁷ nennt ihn ›Auge der Welt‹, weil er alles Natürliche von innen und von außen sieht, auf daß sich alles nicht nur innerlich, sondern auch äußerlich gemäß der eigenen Symmetrie entwickele und erhalte. Von Empedokles wird er ›Unterscheider‹ genannt – in dem Sinne, daß er niemals müde wird, die im Schoß der Materie ungeschiedenen Formen zu sondern und die Entstehung des einen aus dem Zerfall des anderen zu befördern. Plotin nennt ihn ›Vater und Erzeuger‹, weil er die Samen auf die Gefilde der Natur ausstreut und der ursprüngliche Verteiler der Formen ist. Bei uns heißt er ›der innere Künstler‹, weil er die Materie von innen heraus formt und gestaltet, so wie er aus dem Innern des Samens oder der Wurzel heraus den Stamm hervor- und emportreibt, aus dem Innern des Stammes die Äste entwickelt, aus dem Innern der

Äste die Zweige formt, aus diesen die Knospen sprießen läßt, hieraus – wie aus Nervenfasern – die Blätter webt, die Blüten bildet und die Früchte schafft; wie er auch zu bestimmten Zeiten seine Säfte aus den Blättern und Früchten in die Zweige zurückruft, aus den Zweigen in die Äste, aus den Ästen in den Stamm und aus dem Stamm in die Wurzel. Auf ähnliche Weise entfaltet er seine Wirkung im Körper der Tiere, zuerst von dem Samen und der Mitte des Herzens aus bis in die äußeren Glieder, und indem er von diesen her zum Herzen zurück die entwickelnden Kräfte wieder sammelt, tut er so, als wolle er die bereits ausgespannten Fäden wieder aufwickeln. Und wenn wir schon glauben, daß jenes gleichsam leblose Werk nicht ohne Sinn und Verstand erzeugt wird, das wir nach bestimmter Ordnung und durch Nachahmung auf der Oberfläche der Materie hervorzubringen vermögen, indem wir durch Schälen und Schnitzen des Holzes die Gestalt eines Pferdes erscheinen lassen: um wieviel größer müssen wir uns dann den Intellekt jenes Künstlers vorstellen, der aus dem Innern der Samenmaterie heraus die Knochenmasse fügt, die Knorpel formt, die Adern höhlt, die Poren öffnet, die Fasern webt, die Sehnen verzweigt und mit so wunderbarer Meisterschaft das Ganze ordnet? Um wieviel größer, sage ich, ist doch dieser Künstler, der nicht auf einen einzelnen Teil der Materie angewiesen ist, sondern beständig alles in allem wirkt? So gibt es drei Arten des Intellekts: den göttlichen, der *alles ist*; den gerade genannten weltlichen, der *alles schafft*; und den je besonderen, der *alles wird*. Denn zwischen den Extremen muß es dieses Mittlere geben, das die wahre, allen natürlichen Dingen weniger äußerliche als vielmehr innerliche Wirkursache ist.

DICSONO. Ich wüßte gern, welchen Unterschied Ihr macht: wie Ihr sie als äußere Ursache und wie als innere versteht.

TEOFILO. Ich nenne sie äußere Ursache, sofern sie als bewirkende nicht selbst Teil der zusammengesetzten und hervorgebrachten Dinge ist; sie ist aber innere Ursache, sofern sie nicht auf die Materie wirkt oder außerhalb dieser, sondern so, wie ich es gerade erklärt habe. Danach ist sie äußere Ursache durch ihr von der Substanz und dem Wesen der Wirkungen verschiedenes Sein und dadurch, daß ihr Sein nicht dem von erzeugbaren und vergänglichen Dingen gleicht, obschon sie in ihnen wirksam ist; innere Ursache ist sie hingegen im Hinblick auf die Wirkform ihrer Tätigkeit.

Dicsono. Mir scheint, Ihr habt genug über die Wirkursache gesprochen; nun möchte ich erfahren, was die formale Ursache ist, von der Ihr behauptet, daß sie mit der bewirkenden verbunden sei. Ist sie vielleicht der ideale Begriff? Denn jedes Wirkende, das nach den Regeln des Intellekts tätig ist, kann sich nur gemäß einer Absicht verwirklichen; diese aber ist nicht möglich ohne die Vorstellung eines Dinges, und diese wiederum ist nichts anderes als die Form des hervorzubringenden Dinges. Daher muß der Intellekt, der die Fähigkeit hat, alle Gattungen zu erzeugen und sie in so schönem Aufbau aus dem Vermögen der Materie in die Wirklichkeit treten zu lassen, schon vorher alle dem bestimmten formalen Begriff nach in sich haben; ohne sie könnte das Wirkende ebensowenig zu seiner Tätigkeit kommen, wie es dem Bildhauer möglich wäre, verschiedene Statuen auszuführen, ohne zuvor verschiedene Gestalten entworfen zu haben.

Teofilo. Das habt Ihr vortrefflich erfaßt! Geht es mir doch darum, daß man die zwei Arten von Formen erkennt: die eine, die zwar Ursache ist, aber nicht Wirkursache, sondern diejenige, durch die die Wirkursache wirkt; die andere ist das Prinzip, das von der Wirkursache aus der Materie hervorgerufen wird.

Dicsono. Das Ziel und die Zweckursache, auf die sich die Wirkursache richtet, ist die Vollkommenheit des Universums, die darin besteht, daß in den verschiedenen Teilen der Materie alle Formen aktuelle Existenz haben. Dieses Ziel gewährt dem [universalen] Intellekt solche Freude und Heiterkeit, daß er niemals müde wird, alle Arten von Formen aus der Materie hervorzurufen, wie dies auch Empedokles gelehrt zu haben scheint.

TEOFILO. Ganz recht; und ich füge dem hinzu, daß – ebenso wie diese Wirkursache als universale im Universum und als je besondere und einzelne in seinen Teilen und Gliedern ist – dies auch für ihre Form und ihren Zweck gilt.
DICSONO. Nun, lassen wir es mit den Ursachen genug sein, und gehen wir weiter zu den Prinzipien!
TEOFILO. Um also auf die konstitutiven Prinzipien der Dinge zu kommen, will ich zuerst von der Form reden, da sie in gewisser Weise mit der bereits genannten Wirkursache identisch ist. Denn der Intellekt, der ein Vermögen der Weltseele ist, wurde ja als die nächste Wirkursache aller natürlichen Dinge bezeichnet.
DICSONO. Wie aber kann ein und dasselbe sowohl Prinzip als auch Ursache des Natürlichen sein? Wie läßt es sich zugleich als innerer und als äußerer Teil verstehen?
TEOFILO. Ich denke, darin liegt nichts Unvereinbares, wenn man berücksichtigt, daß die Seele im Körper ist wie im Schiff der Steuermann: Insofern der Steuermann zusammen mit dem Schiff bewegt wird, ist er dessen Teil; insofern er aber als derjenige betrachtet wird, der das Schiff steuert und bewegt, versteht man ihn nicht als dessen Teil, sondern als davon unterschiedenes Bewirkendes. So auch ist die Weltseele, insofern sie beseelt und gestaltet, innerer und formaler Teil des Universums; insofern sie dieses aber lenkt und regiert, ist sie nicht dessen Teil, und ihr Sinn erfüllt sich nicht als Prinzip, sondern als Ursache.[18] Das gesteht auch Aristoteles[19] zu: Obgleich er bestreitet, daß die Seele in demselben Verhältnis zum Körper stehe wie der Steuermann zum Schiff, so wagt er sie – in Anbetracht ihres Vermögens, zu erkennen und zu verstehen – dennoch nicht einfach als Aktus oder Form des Körpers zu bezeichnen; sondern er lehrt, daß sie als ein Wirkendes ihrem Sein nach von der Materie geschieden ist und insofern von außen hinzutrete – gemäß ihrer Substanz, die von dem Zusammengesetzten verschieden sei.
DICSONO. Hierin stimme ich Euch zu. Wenn nämlich dem intellektuellen Vermögen unserer Seele ein vom Körper

getrenntes Sein zukommt und es auch die Bedeutung einer Wirkursache hat, so muß dies um so mehr von der Weltseele gelten. Sagt doch Plotin in seiner Schrift gegen die Gnostiker,[20] daß die Weltseele mit größerer Leichtigkeit das Universum regiert als unsere Seele den Leib. Außerdem besteht ein großer Unterschied in der Weise, wie diese und wie jene regiert. Jene lenkt die Welt – ohne sozusagen an sie gefesselt zu sein – auf solche Weise, daß sie nicht durch das, worüber sie herrscht, selbst gebunden wird; nichts anderes macht sie leiden oder mitleiden; nichts hindert sie, sich zu Höherem zu erheben; dem Körper Leben und Vollkommenheit gebend, nimmt sie doch keinerlei Unvollkommenheit von ihm an und ist daher ewig mit ein und demselben Substrat verbunden. – Diese hingegen ist offenkundig von entgegengesetzter Beschaffenheit. Wenn nun – Eurem Grundsatz zufolge – die Vollkommenheiten der niederen Naturen in gesteigerter Weise den höheren Naturen zugeschrieben und in ihnen erkannt werden müssen, so haben wir ohne Zweifel den von Euch gemachten Unterschied anzuerkennen. Das gilt nicht nur von der Weltseele, sondern auch in bezug auf jedes Gestirn, von denen alle – wie der genannte Philosoph erklärt – das Vermögen haben, Gott, die Prinzipien alles Seienden und die Verteilung der Ordnungen des Weltalls anzuschauen; und zwar – wie er weiter lehrt – geschieht dies nicht nach Art des Sicherinnerns, Denkens und Erkennens, denn ihr Wirken ist ein Fortwirken in alle Ewigkeit, und es gibt kein Tun, das ihnen neu wäre; daher tun sie nichts, was nicht vollkommen wäre und dem Ganzen angemessen, was nicht einer bestimmten vorher festgelegten Ordnung folgte und doch ohne einen Akt des Nachdenkens geschähe. Schon Aristoteles[21] gibt dafür das Beispiel eines vollkommenen Schreibers oder Zitherspielers, um zu zeigen, daß die Natur, auch wenn sie nicht denkt und plant, dennoch nicht den Schluß erlaubt, sie verfahre ohne Absicht und Vernunft. Verwenden doch gerade ausgezeichnete Musiker und Schreiber – ohne deshalb zu fehlen – weniger Aufmerksamkeit auf ihr Tun als die Anfänger und Stümper, die trotz größerer Vorsicht und Beflissenheit doch weniger Vollkommenes ins Werk setzen, ja nicht einmal frei von Fehlern sind.

TEOFILO. Das seht Ihr richtig. Gehen wir nun aber mehr ins einzelne! Mir scheinen jene die göttliche Güte herabzusetzen wie auch die Würde dieses großen Organismus und Abbildes des ersten Prinzips, die weder einsehen, noch anerkennen wollen, daß die Welt mit all ihren Gliedern beseelt ist; als ob Gott sein Ebenbild beneiden würde; als ob der Baumeister seinem einzigartigen Werk nicht in Liebe zugetan wäre, von dem doch Platon[22] sagt, daß ihm seine Schöpfung gerade deshalb wohlgefalle, weil er sich in ihr wiedererkenne. Und wahrlich, was könnte sich den Augen der Gottheit Schöneres darbieten als das Universum? Und da dieses aus seinen Teilen besteht: welchem von ihnen müßte man eher Göttlichkeit zuerkennen als dem Formprinzip? Ich überlasse einer besseren und ins einzelne gehenden Untersuchung all die naturphilosophischen Argumente, die über dieses topische[23] oder logische hier hinausgehen.

DICSONO. Meinetwegen braucht Ihr darauf keine Mühe zu verwenden. Gibt es doch keinen Philosophen von auch nur hinlänglichem Ruf – die Peripatetiker inbegriffen –, der nicht davon überzeugt wäre, daß das All und seine Sphären in gewisser Weise beseelt sind. Ich würde es daher vorziehen, von Euch zu erfahren, wie nach Eurem Verständnis dieses Formprinzip in die Materie des Universums eindringt.

TEOFILO. Es verbindet sich mit ihr in der Weise, daß die Körperlichkeit, die an sich nicht schön ist, soweit sie dazu fähig ist, an der Schönheit teilhat; gibt es doch keine Schönheit, die nicht in einer bestimmten Gestalt oder Form bestünde, wie es auch keine Form gibt, die nicht von der Seele hervorgebracht wäre.

DICSONO. Mir scheint, ich höre da etwas ganz Neues. Behauptet Ihr etwa, daß nicht nur die Form des Universums, sondern die Formen aller natürlichen Dinge Seele sind?

TEOFILO. Ja.

Dicsono. Sind also alle Dinge beseelt?
Teofilo. Ja.
Dicsono. Wer aber wird Euch das zugestehen?
Teofilo. Wer könnte es denn mit Grund bestreiten?
Dicsono. Es ist allgemeine Meinung, daß nicht alles belebt ist.
Teofilo. Die allgemeinste Meinung ist nicht die wahrste.
Dicsono. Ich glaube gern, daß man dies vertreten kann. Aber, damit eine These sich bewahrheitet, genügt es nicht, sie vertreten zu können: man muß sie auch beweisen können.
Teofilo. Das ist nicht schwer. Gibt es nicht genügend Philosophen, die behaupten, daß die Welt beseelt sei?
Dicsono. Aber gewiß viele – und gerade die bedeutendsten.
Teofilo. Warum sollten diese dann nicht sagen, daß auch alle Teile der Welt beseelt sind?
Dicsono. In der Tat sagen sie es, aber nur von den hauptsächlichen Teilen und von denjenigen, die wahre Teile der Welt sind. Lehren sie doch, daß die Weltseele ebenso ganz im Ganzen der Welt und auch ganz in jedem ihrer Teile ist, wie die Seele der für uns wahrnehmbaren Lebewesen ganz überall in diesen ist.[24]
Teofilo. Nun, was, meint Ihr, seien denn nicht wahre Teile der Welt?
Dicsono. Solche, die nicht erste Körper sind, wie die Peripatetiker die Erde nennen mit ihren Gewässern und ihren übrigen Teilen, die – um mit Euren Worten zu sprechen – den Gesamtorganismus bilden wie auch den Mond, die Sonne und andere Himmelskörper. Neben diesen hauptsächlichen Organismen gibt es noch solche, die keine ersten Teile des Universums sind, und von denen gesagt wird, daß die einen eine vegetative Seele besitzen, die anderen eine empfindende und wieder andere eine denkende.
Teofilo. Wenn nun aber die Seele, insofern sie im Ganzen

ist, auch in den Teilen ist: warum gesteht Ihr dann nicht zu, daß sie auch in den Teilen der Teile ist?

DICSONO. Das will ich schon, mit der Einschränkung: in den Teilen der Teile der beseelten Dinge.

TEOFILO. Was aber nun ist nicht beseelt oder ist nicht Teil der beseelten Dinge.

DICSONO. So scheint Euch, daß wir davon nur wenig vor Augen hätten? Sind es doch alle Dinge, die kein Leben haben!

TEOFILO. Und welche Dinge haben kein Leben – oder nicht einmal ein Lebensprinzip?

DICSONO. Um zum Schluß zu kommen: seid Ihr der Ansicht, daß es kein Ding gibt, das nicht beseelt wäre oder doch ein Prinzip des Lebens hätte?

TEOFILO. Das ist's, was ich letztlich denke.

POLIHIMNIO. Dann hat also ein Leichnam eine Seele? Dann wären meine Schuhe, meine Pantoffeln, meine Stiefel, meine Sporen, mein Ring und meine Handschuhe beseelt? Mein Gewand und mein Mantel sind beseelt?

GERVASIO. Ja, mein Herr; ja, Magister Polihimnio; warum denn nicht? Ich glaube freilich, daß dein Gewand und dein Mantel beseelt sind, dieweil doch ein Tier – wie du eines bist – darin steckt. Stiefel und Sporen sind beseelt, sofern sie an den Füßen sitzen; der Hut ist beseelt, sofern er den Kopf bedeckt, der gewiß nicht ohne Seele ist; und auch der Stall ist beseelt, sofern ein Pferd, ein Maulesel oder Euer Gnaden darin weilen. Meint Ihr es nicht so, Teofilo? Scheint es Euch nicht, daß ich es besser verstanden habe als der *dominus magister* [Herr Magister]?

POLIHIMNIO. *Cuium pecus?* [Wem gehört dies Vieh?][25] Als ob es nicht schon genug Esel gäbe, *etiam atque etiam* [besonders] neunmalkluge? Wagst du es, du Grünschnabel und Abc-Schütze, dich mit mir, einem Altmeister und Rektor einer Minerva-Schule[26], zu vergleichen?

GERVASIO. *Pax vobis domine magister, servus servorum et scabellum pedum tuorum.* [Friede sei mit Euch,[27] Herr Magister! So wahr ich der Knecht Eurer Knechte bin,[28] der Schemel Eurer Füße.[29]]

POLIHIMNIO. *Maledicat te deus in saecula saeculorum!* [Gott verdamme dich von Ewigkeit zu Ewigkeit!][30]

DICSONO. Doch keinen Streit! Und laßt uns diese Dinge unter uns ausmachen!

POLIHIMNIO. *Prosequatur ergo sua dogmata Theophilus.* [So möge denn Teofilo mit dem Dozieren fortfahren.]

TEOFILO. Das will ich tun. Ich sage also, daß der Tisch als Tisch nicht beseelt ist, so wenig wie das Gewand als Gewand, das Leder als Leder, oder das Glas als Glas; aber als natürliche und zusammengesetzte Dinge haben sie in sich Materie und Form.[31] Es mag etwas so klein und winzig sein, wie es will, so hat es doch einen Teil von geistiger Substanz in sich, die – sobald sie ein geeignetes Substrat findet – zu einer Pflanze oder zu einem Tier sich entwickelt, indem sie Glieder eines wie auch immer gearteten Körpers ausbildet, der gemeinhin ›beseelt‹ genannt wird; denn Geist ist in allem, und es gibt kein noch so winziges Körperchen, das nicht genug davon enthielte, um lebendig zu sein.

POLIHIMNIO. *Ergo quidquid est, animal est.* [Also, was immer auch ist, ist lebendig.]

TEOFILO. Nicht alles, was eine Seele hat, heißt auch ›lebendig‹.

DICSONO. So haben aber wenigstens alle Dinge Leben?

TEOFILO. Ich gestehe zu, daß alle Dinge in sich eine Seele haben, daß sie Leben besitzen der Substanz nach – nicht ihrer Tatsächlichkeit und Wirklichkeit nach, wie alle Peripatetiker meinen und diejenigen, welche das Leben und die Seele in allzu grobe Begriffe fassen.

DICSONO. Ihr entdeckt mir, wie sich mit Anspruch auf Wahrscheinlichkeit die Ansicht des Anaxagoras[32] vertreten läßt, nach der jegliches in jeglichem sei; wenn nämlich der Geist, die Seele oder die universale Form in allen Dingen ist, so kann alles aus allem entstehen.

TEOFILO. Nicht nur mit Wahrscheinlichkeit, sondern in

Wahrheit! Denn dieser Geist findet sich in allen Dingen. Sind diese auch nicht lebendig, so sind sie doch beseelt; wenn auch nicht ihrer Wirklichkeit nach mit Beseeltheit und Leben begabt, so sind sie es doch dem Prinzip nach und im Sinn eines ersten Aktes von Beseeltheit und Leben. Mehr sage ich darüber nicht; denn ich will nicht die Eigenart vieler Kristalle und Edelsteine ergründen, die – zerbrochen, zerschnitten und in unregelmäßige Stücke zerteilt – gewisse Kräfte besitzen, den Geist umzustimmen und neue Empfindungen und Leidenschaften nicht nur im Körper, sondern auch in der Seele zu wecken. Wissen wir doch, daß solche Wirkungen aus bloß materiellen Eigenschaften weder hervorgehen noch hervorgehen können, sondern notwendig angewiesen sind auf ein symbolisches, lebendiges und seelenhaftes Prinzip. Darüber hinaus nehmen wir dergleichen an vertrockneten Kräutern und Wurzeln wahr, die – indem sie die Säfte reinigen und sammeln und die Lebensgeister verwandeln – deutliche Lebenswirkungen zeigen. Ich übergehe auch, daß die Nekromanten[33] – nicht ohne Grund – mit Gebeinen von Toten mancherlei zu bewirken hoffen. Glauben sie doch, daß diese zwar nicht dieselbe, aber doch eine wie auch immer geartete Lebenskraft behalten, die zu außerordentlichen Wirkungen befähige. Bei anderer Gelegenheit werde ich ausführlicher über den Verstand, den Geist, die Seele und das Leben sprechen, das alles durchdringt, in allem ist und die gesamte Materie bewegt, ihren Schoß erfüllt und eher sie beherrscht, als daß es von ihr beherrscht würde; denn die geistige Substanz kann von der materiellen nicht überwunden werden, sondern bezwingt vielmehr diese.

DICSONO. Das scheint mir zum einen der Lehre des Pythagoras[34] zu entsprechen, die der Dichter in den Versen wiedergibt:

Principio caelum ac terras camposque liquentes,
Lucentemque globum lunae Titaniaque astra
Spiritus intus alit, totamque infusa per artus
Mens agitat molem, totoque se corpore miscet.

[Seit dem Anfang der Welt belebet der Geist im Innern
Himmel, Erde und Meer, auch des Mondes leuchtende Kugel
Und die titanische Sonne. Alle die Glieder durchströmend,
Ganz mit dem Leibe vereint, so beweget der Geist die Materie.]³⁵

Zum anderen scheint damit die Meinung jenes Gottesgelehrten übereinzustimmen, der da sagt: »Der Geist durchdringt und erfüllt die Erde, und er ist es, der das All umfaßt.«³⁶ Und wieder ein anderer, der wohl das Verhältnis der Form zur Materie und zur Potenz im Sinn hat, sagt, daß diese beiden durch den Aktus und die Form bezwungen werden.

TEOFILO. Wenn also der Geist, die Seele und das Leben in allen Dingen vorkommen und in gewissen Abstufungen die gesamte Materie erfüllen, so sind sie zweifellos die wahre Wirklichkeit und die wahre Form aller Dinge. Die Weltseele ist mithin das formale und konstitutive Prinzip des Universums und aller Dinge, die es enthält; wenn nun das Leben sich in allen Dingen findet, dann ist die Seele die Form aller Dinge; sie ist überall die Herrin der Materie und herrscht in den zusammengesetzten Dingen; sie bewirkt die Zusammensetzungen und den Zusammenhalt der Teile. Und daher scheint es, daß der Form die Dauer nicht weniger zukommt als der Materie. Jene [Form] verstehe ich als ein und dieselbe in allen Dingen; jedoch – entsprechend der Verschiedenheit der Veranlagungen der Materie und entsprechend dem Vermögen der aktiven und passiven materiellen Prinzipien – bringt sie verschiedene Gestaltungen hervor und erzeugt unterschiedliche Fähigkeiten: einmal Leben ohne Empfindung; ein andermal Leben mit sinnlicher Wahrnehmung, doch ohne Verstand; dann wieder scheinen alle diese Fähigkeiten unterdrückt und zurückgedrängt, sei es durch Entkräftung der Materie, sei es durch einen anderen in ihr liegenden Grund.

Während so die Form ihren Ort und ihre Gestalt wechselt, kann sie doch unmöglich zunichte werden, denn die geistige Substanz ist nicht weniger beständig als die materielle. So sind es allein die äußeren Formen, die wechseln und auch vergehen, denn sie sind nicht selbst die Dinge, sondern nur an den

Dingen; sie sind nicht Substanzen, sondern nur deren Akzidenzien und Bestimmungen.
POLIHIMNIO. *Non entia, sed entium.* [Sie sind nichts Seiendes, sondern nur an Seiendem.]
DICSONO. Gewiß; wenn von den Substanzen etwas verschwinden könnte, müßte die Welt sich entleeren.
TEOFILO. Wir haben also ein ewiges, subsistierendes, inneres Formprinzip, das unvergleichlich besser ist als das von den Sophisten[37] ausgedachte, die sich nur mit den Akzidenzien befassen und die Substanz der Dinge nicht kennen: deshalb halten sie ja auch die Substanzen für vergänglich, zumal sie vornehmlich, vor allem und hauptsächlich dasjenige Substanz nennen, was sich aus der Zusammensetzung ergibt. Das ist jedoch nichts anderes als ein Akzidens, das in sich weder beständig noch wahr ist und sich in nichts auflöst. Sie meinen, der Mensch gehe in Wahrheit aus Zusammensetzung hervor, und die Seele sei in Wahrheit die Entelechie und der Aktus eines lebenden Körpers oder auch das Ergebnis einer gewissen Symmetrie des Organismus und seiner Glieder. Daher ist es kein Wunder, wenn sie so großen Schrecken vor dem Tode und der Auflösung empfinden und verbreiten, als seien sie unmittelbar vom Verlust des Daseins bedroht. Gegen solche Torheit erhebt die Natur mit lauter Stimme Einspruch, indem sie uns versichert, daß weder der Körper noch die Seele den Tod zu fürchten haben, weil sowohl die Materie wie die Form vollkommen beständige Prinzipien sind.

> *O genus attonitum gelidae formidine mortis,*
> *Quid Styga, quid tenebras et nomina vana timetis,*
> *Materiam vatum, falsique pericula mundi?*
> *Corpora sive rogus flamma, seu tabe vetustas*
> *Abstulerit, mala posse pati non ulla putetis:*
> *Morte carent animae, domibus habitantque receptae.*
> *Omnia mutantur, nihil interit.*

[O du Geschlecht, verfolgt von der frostigen Furcht vor dem Tode,
Scheust du die Schatten, den Styx und den Schall leerer Namen,
Diese Mären der Dichter, Gefahren erfundener Welten?

Kann doch den Leib – hat verzehrt ihn die Flamme, hat Schwäche
                                                    des Alters
Einmal ihn hingerafft – fürder Leid nicht ereilen noch treffen:
Frei ist die Seele vom Tod, wie oft sie auch wechselt ihr Haus.
Alles sich ändert, nichts je vergeht.]³⁸

DICSONO. Damit scheint mir übereinzustimmen, was Salomo, der unter den Hebräern als der Weiseste gilt, gesagt hat: »*Quid est quod est? ipsum quod fuit. Quid est quod fuit? ipsum quod est. Nihil sub sole novum.*« [»Was ist das, was ist? Dasselbe, was gewesen ist. Was ist das, was gewesen ist? Dasselbe, was ist. Es gibt nichts Neues unter der Sonne.«]³⁹ – So existiert denn diese Form, die Ihr voraussetzt, ihrem Sein nach nicht in der Materie und haftet ihr auch nicht an; sie hängt mithin weder vom Körper noch von der Materie ab, um fortzubestehen?

TEOFILO. So ist es. Darüber hinaus ist für mich noch nicht entschieden, ob jede Form auch von Materie begleitet ist; so wie umgekehrt für mich feststeht, daß kein Teil der Materie gänzlich ohne Form ist, es sei denn im logischen Sinne eines Aristoteles, der niemals müde wird, mit dem Verstand zu trennen, was von Natur und in Wahrheit ungetrennt ist.

DICSONO. Nehmt Ihr nicht an, daß es noch eine andere Form gibt, außer dieser ewigen Begleiterin der Materie?

TEOFILO. Gewiß, und zwar eine der Natur näherstehende als die materielle Form, die wir anschließend erörtern wollen. Doch jetzt achtet auf folgende Unterscheidung: Es gibt eine erste Art der Form, die gestaltet, sich ausdehnt und [von der Materie] abhängig ist. Weil sie das Ganze gestaltet, ist sie in allem, und indem sie sich ausdehnt, teilt sie die Vollkommenheit des Ganzen seinen Teilen mit; da sie abhängig ist und von sich aus keine Wirksamkeit ausübt, überträgt sie diese vom Ganzen auf die Teile, ebenso den Namen und das Sein. Solcher Art ist die materielle Form, wie zum Beispiel die des Feuers, denn jeder Teil des Feuers wärmt, heißt ›Feuer‹ und ist auch Feuer. Zweitens gibt es eine Art der Form, die gestaltet und abhängig ist, sich aber nicht ausdehnt. Da sie dem

Ganzen Entelechie und Aktus verleiht, ist sie im Ganzen und in jedem seiner Teile. Sofern sie jedoch unausgedehnt ist, kann sie nicht den Aktus des Ganzen an die Teile weitergeben. Weil sie abhängig ist, überträgt sie die Wirksamkeit des Ganzen auf die Teile. Solcher Art ist die vegetative und empfindende Seele; denn kein Teil eines Tieres ist selbst ein Tier, und nichtsdestoweniger lebt und empfindet jeder Teil. Drittens gibt es eine Art der Form, die dem Ganzen Aktus und Entelechie verleiht, ohne sich auszudehnen oder hinsichtlich ihrer Wirksamkeit abhängig zu sein. Da sie [dem Ganzen] Aktus und Entelechie verleiht, ist sie im Ganzen, in allem und in jedem Teil. In Anbetracht dessen, daß sie keine Ausdehnung hat, überträgt sie jedoch die Vollkommenheit des Ganzen nicht auf seine Teile; und weil sie nicht abhängig ist, teilt sie die Wirksamkeit nicht mit. Von dieser Art ist die intellektuelle Seele, insofern sie das Vermögen des Intellekts ausüben kann und daher ›intellektuell‹ heißt. Sie bildet nicht einen Teil des Menschen, der selbst ›Mensch‹ heißen könnte oder selbst ein Mensch wäre, von dem sich sagen ließe, er hätte Verstand. Von diesen drei Arten ist die erste materiell und kann ohne Materie weder verstanden werden noch existieren; die anderen beiden Arten – die letztlich ihrer Substanz und ihrem Sein nach in eins zusammenfallen, sich aber in der von uns im Vorangehenden dargestellten Weise unterscheiden – bezeichnen wir als formales Prinzip, das von dem materiellen verschieden ist.

DICSONO. Ich verstehe.

TEOFILO. Darüber hinaus mache ich darauf aufmerksam, daß ich zwar auch im üblichen Sinne von den fünf Stufen der Formen spreche – als da sind die des Elements, des Gemischten, des Vegetativen, des Empfindenden und des Intellekts –, aber darunter etwas anderes verstehe als damit gewöhnlich gemeint ist. Denn diese Unterscheidung gilt nur von den Wirksamkeiten, die an den Einzelwesen erscheinen und aus ihnen hervorgehen, sie gilt nicht im Hinblick auf das primäre und fundamentale Sein jener Form oder jenes geistigen Lebens, welche als ein und dieselbe das Ganze erfüllt, wenn auch nicht auf dieselbe Art und Weise.

Dicsono. Ich verstehe. Insofern Ihr diese Form als Prinzip setzt, ist sie substantielle Form und bildet eine vollkommene Art aus, gehört einer eigenen Gattung an und ist nicht etwa Teil einer Art wie die Form der Peripatetiker.

Teofilo. So ist es.

Dicsono. Die Unterscheidung der Formen in der Materie erfolgt nicht aufgrund der zufälligen Eigenschaften, die von der materiellen Form abhängen.

Teofilo. In der Tat.

Dicsono. Daher läßt sich auch diese gesonderte Form nicht der Zahl nach vervielfältigen, weil jede zahlenmäßige Vervielfältigung von der Materie abhängt.

Teofilo. Freilich.

Dicsono. Außerdem ist sie an sich unveränderlich; veränderlich ist sie erst durch die Einzelwesen und durch die Verschiedenheiten der Stoffe. Und obgleich diese Form in den Einzelwesen die Verschiedenheit von Teil und Ganzem bewirkt, ist sie doch selbst nicht im Teil und im Ganzen verschieden, wenn ihr auch eine je andere Weise zukommt, sofern sie an sich subsistiert oder Aktus und Entelechie eines Einzelwesens ist, und je nachdem wie dieses beschaffen ist.

Teofilo. Genau so.

Dicsono. Diese Form versteht Ihr nicht als akzidentelle oder als eine der akzidentellen ähnliche, noch als eine mit der Materie vermischte oder ihr anhaftende, sondern als eine ihr innewohnende und mit ihr eng verbundene Form.

Teofilo. So meine Rede.

Dicsono. Ferner wird diese Form durch die Materie begrenzt und bestimmt; denn aufgrund ihrer Fähigkeit, unzählige Einzelwesen zu bilden, zieht sie sich zusammen, um *ein* Individuum zu erzeugen; und andererseits bestimmt sich das Vermögen der unbestimmten Materie, die jedwede Form annehmen kann, zu *einer* Art, so daß beide Ursache gegenseitiger Begrenzung und Bestimmung sind.

TEOFILO. Sehr gut.

DICSONO. Ihr pflichtet also gewissermaßen der Ansicht des Anaxagoras bei, der die partikulären Naturformen ›latente‹ nennt; ebenso wie der Lehre Platons, der sie von den Ideen ableitet; wie auch der Meinung des Empedokles[40], der sie aus dem Intellekt entstehen läßt; oder der Auffassung des Aristoteles, der sie sozusagen aus dem Vermögen der Materie hervorgehen läßt.

TEOFILO. Ja; denn, wo die Form ist – so haben wir bereits gesagt –, da ist in gewissem Sinne alles; wo die Seele, wo der Geist, wo das Leben ist, da ist alles. Der Intellekt ist der Gestalter vermittels der idealen Arten, und wenn er auch nicht die Formen aus der Materie hervorruft, so braucht er sie doch nicht außerhalb ihrer zu erbetteln, denn dieser Intellekt erfüllt das All.

POLIHIMNIO. *Velim scire quomodo forma est anima mundi ubique tota* [Ich möchte gern wissen, wie die Form als die Seele der Welt überall ganz vorhanden sein kann], wenn sie doch unteilbar ist. Mithin muß sie überaus groß, ja von unendlicher Ausdehnung sein, zumal du sagst, die Welt sei unendlich.

GERVASIO. Fürwahr, sie ist groß: so groß, wie es einmal ein Priester in Grandazzo[41] auf Sizilien von unserem Heiland sagte, für den er – zum Zeichen seiner Allgegenwart – ein Kruzifix so hoch wie die ganze Kirche errichten ließ, nach dem Abbild Gottvaters, der den empyreischen Himmel[42] als Baldachin und den gestirnten Himmel zum Thron hat und dessen Beine so lang sind, daß sie bis zur Erde herabreichen, die ihm als Fußschemel dient. Zu diesem Priester kam eines Tages ein Bauer und fragte: »Ehrwürdiger Vater, wieviel Ellen Garn wären wohl nötig, um Strümpfe für ihn zu wirken?« Und ein anderer bemerkte, daß alle Erbsen, Linsen und Bohnen von Melazzo[43] und Nicosia[44] nicht ausreichen würden, um seinen Wanst zu füllen. Paßt also auf, daß jene Weltseele nicht nach derselben Manier gerät.

TEOFILO. Auf deinen Zweifel, Gervasio, wüßte ich nicht zu antworten, wohl aber auf den des Magisters Polihimnio. Um jedoch beiden Fragen gerecht zu werden, will ich ein Gleichnis gebrauchen damit auch Ihr einige Früchte von unseren Gesprächen mit nach Hause nehmen könnt. Laßt Euch also in aller Kürze sagen, daß die Weltseele und die Gottheit nicht etwa in der Weise wie ein materieller Gegenstand überall und in jedem Teil ganz gegenwärtig sein kann – da dies nämlich jedwedem Körper oder Geist unmöglich ist –, sondern auf eine Weise, die sich kaum anders erklären läßt als folgendermaßen: Zunächst müßt Ihr wissen, daß die Weltseele und die allgemeine Form ›allgegenwärtig‹ genannt werden, ohne daß dies körperlich oder räumlich gemeint wäre, denn das sind sie nicht und könnten es auch in keinem Teil sein. Sie sind vielmehr auf geistige Weise überall ganz, wie zum Beispiel – grob gesagt – eine Stimme, von der Ihr Euch vorstellen könnt, daß sie ganz im ganzen Zimmer ist und in jedem seiner Teile, da sie doch überall ganz zu hören ist – so wie diese von mir gesprochenen Worte von jedem ganz vernommen werden, und wären es auch tausend Anwesende, und wenn meine Stimme über die ganze Welt reichen könnte, so wäre sie überall ganz. Nun also sage ich Euch, Magister Polihimnio, daß die Seele nicht wie ein Punkt unteilbar ist, sondern gewissermaßen wie die Stimme. Und Euch, Gervasio, antworte ich, daß die Gottheit nicht in der Weise allgegenwärtig ist wie der Heiland von Grandazzo in seiner Kapelle. Denn obgleich dieser seine Kirche ganz ausfüllt, begegnet er doch nicht überall ganz, sondern ist mit dem Kopf in einem Teil, mit den Füßen in einem anderen, mit den Armen in diesem und mit dem Oberkörper in jenem Teil. Die Gottheit dagegen ist ganz in jeglichem Teil, wie auch meine Stimme ganz in allen Teilen dieses Saales zu hören ist.

POLIHIMNIO. *Percepi optime.* [Das habe ich durchaus kapiert.]

GERVASIO. Auch ich hab' Eure Stimme wohl verstanden.
DICSONO. Von der Stimme möchte ich's glauben; aber vom Sinn der Rede denke ich, daß er Euch zum einen Ohr hineingegangen ist und zum anderen wieder heraus.
GERVASIO. Ich fürchte, er ist nicht einmal hineingegangen; denn es ist spät geworden, und die Uhr meines Magens hat längst die abendliche Essensstunde geschlagen.
POLIHIMNIO. *Hoc est, id est* [das heißt], sein Gehirn *in patinis* [in den Schüsseln] haben!
DICSONO. Damit also genug! Morgen wollen wir wieder zusammenkommen, um dann vielleicht über das materiale Prinzip zu sprechen.
TEOFILO. Entweder werde ich Euch erwarten, oder Ihr wartet hier auf mich.

Dritter Dialog

Gesprächspartner: Gervasio, Polihimnio, Teofilo, Dicsono

GERVASIO. Die Stunde ist schon da, und sie sind nicht gekommen! Da ich nichts anderes im Sinn habe, was mich reizen könnte, will ich mir das Vergnügen gönnen, sie wieder argumentieren zu hören. Dabei kann ich manchen philosophischen Schachzug lernen, und überdies verschaffen mir noch die Grillen, die in dem wirren Kopf des Pedanten Polihimnio herumgeistern, einen angenehmen Zeitvertreib. Beansprucht er doch, darüber zu richten, wer gut redet, wer am besten disputiert und wer sich in philosophische Widersprüche und Irrtümer verwickelt, um dann – wenn die Reihe an ihm ist, das Wort zu ergreifen – selbst nichts vorbringen zu können, als nur aus dem Ärmel seines windigen Schulwissens ein Sammelsurium von Redensarten zu schütteln, dazu lateinische und griechische Phrasen, ohne jeden Zusammenhang mit den Reden der anderen. So gibt es wohl keinen Blinden, der nicht sehen könnte, was für ein Narr er bei aller Gelehrsamkeit ist, während andere durch ihren gesunden Menschenverstand Weise sind.

Doch, meiner Treu, da ist er ja. Wie er einherschreitet: als ob sogar die Bewegung seiner Schritte den Gelehrten ankündigten. Willkommen sei der *dominus magister* [der Herr Magister]!

POLIHIMNIO. Der ›Magister‹ läßt mich kalt; wird doch in dieser ungeordneten und maßlosen Zeit nicht nur meinesgleichen solcherart angesprochen, sondern auch ein jeder Barbier, Flickschuster und Sauschneider. Deshalb ergeht an uns der Rat: *Nolite vocari Rabi!* [Laßt euch nicht ›Rabbi‹ nennen!][1]

GERVASIO. Wie wollt Ihr also, daß ich zu Euch sage? Wäre Euch ›Hochwürden‹ genehm?

POLIHIMNIO. *Illud est praesbiteriale et clericum.* [Dergleichen ist Priestern und Klerus vorbehalten.]

GERVASIO. Gelüstet es Euch vielleicht nach einem ›Erlauchter...‹?
POLIHIMNIO. *Cedant arma togae!* [Es mögen die Waffen der friedlichen Toga nachstehen!][2] Solches gebühret Rittern und Purpurträgern.
GERVASIO. Oder etwa ›Kaiserliche Majestät‹?
POLIHIMNIO. *Quae Caesaris, Caesari.* [Gebet dem Kaiser, was des Kaisers ist.][3]
GERVASIO. So nehmt denn mit einem ›domine‹ [›Herr...‹] vorlieb und gebt das Jupiterhafte, das Donnergöttliche, auf! Doch zu uns; warum kommt Ihr alle so spät?
POLIHIMNIO. Mich dünkt, die anderen mögen von ähnlichen Angelegenheiten zurückgehalten worden sein wie ich selbst, der ich, um keinen Tag *sine linea* [ohne einen Strich][4] vorübergehen zu lassen, in die Betrachtung eines Abbilds der Erdkugel versunken war – einer ›Weltkarte‹, in der Sprache des gemeinen Mannes.
GERVASIO. Was habt Ihr mit der Weltkarte zu schaffen?
POLIHIMNIO. Ich lasse auf mich den Anblick der Erdteile wirken, der Klimazonen, Provinzen und Regionen, die ich alle schon im Geiste besucht und von denen ich viele gar mit eigenen Füßen durchschritten habe.
GERVASIO. Besser würdest du dich etwas in dir selber umschauen; denn dies, scheint mir, wäre für dich wichtiger, aber ich glaube, gerade darum kümmerst du dich am wenigsten.
POLIHIMNIO. *Absit verbo invidia* [Ich will nicht mich rühmen]; gelange ich doch dergestalt zur angemessensten Erkenntnis meiner selbst.
GERVASIO. Und wie willst du mir das beweisen?
POLIHIMNIO. Damit, daß man von der Betrachtung des Makrokosmos leicht – *necessaria deductione facta a simili* [mit Hilfe des notwendigen Analogieschlusses] – zur Erkenntnis des Mikrokosmos fortschreitet, dessen Teilchen den Teilen von jenem entsprechen.
GERVASIO. So daß wir dann in Euch den Mond vorfinden

sowie Merkur und weitere Gestirne, auch Frankreich, Spanien, Italien, England, Kalkuttaland[5] und andere Länder noch.

POLIHIMNIO. *Quid ni? per quamdam analogiam.* [Warum nicht? Im Sinne des Analogieschlusses.]

GERVASIO. *Per quamdam analogiam* halte ich Euch für einen großen Monarchen. Aber wenn Ihr eine Dame wärt, so würde ich Euch fragen, ob Ihr ein Plätzchen habt, ein Knäblein aufzunehmen oder eines jener Pflänzlein zur Pflege zu empfangen, von denen Diogenes[6] einst sprach.

POLIHIMNIO. Aha, *quodammodo facete!* [Ihr beliebt zu scherzen!] Aber solche Frage ist einem Weisen und Gelehrten unziemlich.

GERVASIO. Wenn ich gelehrt wäre und mich für weise hielte, käme ich nicht hierher, um gemeinsam mit Euch zu lernen.

POLIHIMNIO. Kommt Ihr zu lernen, so nicht ich, denn *nunc meum est docere; mea quoque interest eos qui docere volunt iudicare* [jetzo steht mir zu lehren an; auch lege ich Wert darauf, diejenigen zu zensieren, die dozieren wollen]. Ich komme also zu anderem Zwecke als dem, der Euch hierher geführt – den Anfänger, Novizen, Schüler nur.

GERVASIO. Zu welchem Zweck?

POLIHIMNIO. Zum Zensieren, so mein Wort.

GERVASIO. Wahrlich, Euresgleichen gebührt es eher als anderen, über Wissenschaften und Lehrmeinungen zu Gericht zu sitzen: hat doch die Freigebigkeit der Gestirne und die Großzügigkeit des Schicksals Euch allein die Kraft verliehen, aus den Wörtern den Saft zu pressen.

POLIHIMNIO. Und folglich auch aus dem Sinn, welcher mit den Wörtern einhergeht.

GERVASIO. Wie mit dem Leib die Seele.

POLIHIMNIO. Werden nur die Wörter recht verstanden, so stellt auch wohl der Sinn sich ein. Die Kenntnis jedweder Wissenschaft resultiert darum aus der Kenntnis der Sprachen, in denen ich mehr als jeder andere in dieser Stadt bewandert

bin; und ich schätze mich für nicht weniger gelehrt als irgendeinen, der eine Minerva-Schule[7] leitet.
GERVASIO. Also alle, die Italienisch verstehen, können auch die Philosophie des Nolaners begreifen?
POLIHIMNIO. Ja, nur bedarf es dazu noch Erfahrung und Urteil.
GERVASIO. Eine Zeitlang dachte ich, daß gerade Erfahrung die Hauptsache sei, aufgrund deren auch einer, der kein Griechisch kann, doch die ganze Lehre des Aristoteles zu erfassen vermag, ja viele Irrtümer darin zu erkennen weiß; wie denn offenkundig der Götzendienst, den man der Autorität dieses Philosophen insbesondere hinsichtlich seiner Naturphilosophie erwiesen hatte, gänzlich abgeschafft ist bei al denen, die die Lehren verstehen, welche jene andere Schulrichtung vertritt; und einer, der weder Griechisch noch Arabisch und nicht einmal Latein versteht – wie Paracelsus[8] –, kann eine bessere Kenntnis der Natur der Heilmittel und der medizinischen Wissenschaft besitzen als Galenus[9], Avicenna[10] und alle, die sich in der Sprache der Römer Gehör verschaffen. Die Philosophie und die Jurisprudenz geraten weniger aus Mangel an Erklärern von Wörtern in Verfall als durch das Fehlen derer, die sich in die Erkenntnis der Gedanken vertiefen.
POLIHIMNIO. So läßt du dir etwa einfallen, meinesgleichen unter die unwissende Menge zu rechnen?
GERVASIO. Das mögen die Götter verhüten. Weiß ich doch, daß die Kenntnis und das Studium der Sprachen – etwas gar Seltenes und Außergewöhnliches – nicht nur Euch selbst, sondern auch Euresgleichen es ermöglicht, höchstes Verdienst um die Beurteilung philosophischer Theorien zu erwerben, nachdem Ihr die Lehrmeinungen derer, die dergleichen in Umlauf setzen, einmal kräftig durchgesiebt habt.
POLIHIMNIO. Da sagt Ihr die reine Wahrheit, so daß ich leicht zu der Überzeugung gelange, Ihr sprächet nicht ohne einen Beweisgrund; dieweil Euch dies nicht schwerfällt, dürfte

es Euch auch weiter keine Mühe kosten, ihn mir darzulegen.

GERVASIO. Das will ich tun, wobei ich mich jederzeit der Kritik Eurer Klugheit und Gelehrsamkeit beugen werde. Wie ein bekanntes Sprichwort sagt, sind die Zuschauer bei einem Spiel klüger als die Spieler; so können diejenigen, die einer Schauspielaufführung beiwohnen, diese besser beurteilen als die Darsteller auf der Bühne; und ein Musikstück kann derjenige treffender bewerten, der nicht selbst zum Orchester oder zum Chor gehört; ähnlich ist es beim Kartenspiel, beim Schach, beim Fechten und dergleichen. Und so steht es auch mit euch, ihr Herren Schulmeister und Pedanten: insofern ihr von jeder wirklich wissenschaftlichen und philosophischen Tätigkeit ausgeschlossen seid und niemals etwas mit Aristoteles, Platon und ähnlichen Denkern gemein hattet, könnt ihr sie natürlich – mit all eurer grammatikalischen Aufgeblasenheit und der für euch typischen Überheblichkeit – besser richten und verdammen als der Nolaner, der mit ihnen auf derselben Bühne steht und vertrauten wie häuslichen Umgang mit ihnen pflegt, so daß er sie um so leichter bekämpfen kann, nachdem er ihre innersten und tiefsten Überzeugungen erkundet hat. Insofern ihr nun – will ich meinen – dem Wirken feinsinniger und erlesener Geister fernsteht, könnt ihr desto besser euer Urteil über sie fällen.

POLIHIMNIO. Einem so Unverschämten sogleich zu antworten, ist mir schier unmöglich. *Vox faucibus haesit.* [Die Stimme es mir verschlägt.][11]

GERVASIO. Dennoch sind Euresgleichen gar überheblich – ganz im Gegensatz zu jenen andern, die auf der Bühne stehen; und insofern möchte ich Euch versichern, daß Ihr nach Gebühr Euch das Amt anmaßt, dieses gutzuheißen, jenes zu tadeln und ein anderes wieder zu kommentieren; hier eine Übereinstimmung oder Parallelstelle anzumerken, dort einen Anhang anzufügen.

POLIHIMNIO. Dieser Erzignorant will daraus, daß ich ein

Gelehrter der schönen humanen Wissenschaften bin, den Schluß ziehen, ich sei in der Philosophie unwissend.
GERVASIO. Mein hochgelehrter Herr Polihimnio, so laßt Euch sagen, daß selbst wenn Ihr im Besitz aller Sprachen wärt, deren es – wie unsere Kanzelredner behaupten – zweiundsiebzig gibt – ...
POLIHIMNIO. *Cum dimidia.* [Und eine halbe.]
GERVASIO. ... so folgte daraus weder, daß Ihr die Fähigkeit hättet, über Philosophen zu urteilen, noch daß Ihr vermeiden könntet, das allerblödeste Vieh mit menschlichem Antlitz zu sein; andererseits steht dem nichts entgegen, daß einer, der kaum eine einzige, dazu noch eine Bastardsprache, beherrscht, dennoch klüger und weiser als alle Welt ist. Bedenkt nur, welchen Erfolg zwei einander Ebenbürtige erzielt haben, von denen der eine – ein Franzose[12] und Erzpedant – *Abhandlungen über die Freien Künste*[13] und *Kritische Schriften gegen Aristoteles* verfaßt hat, während der andere – ein Italiener[14], angefüllt mit der Jauche des Pedantismus – so viele Bogen Papier mit seinen *Peripatetischen Diskussionen* besudelt hat. Leicht ist für jedermann ersichtlich, daß der erste sehr beredt offenbart, von wie geringem Verstand er ist, während der zweite in einfältiger Sprache verrät, wieviel er von einem Esel und Rindvieh an sich hat. Von dem ersten läßt sich immerhin sagen, daß er seinen Aristoteles verstanden hat, wenn auch schlecht, und daß er – hätte er ihn richtig verstanden – wohl fähig gewesen wäre, ihn mit Ehren zu bekämpfen, wie es der so gescheite Telesio[15] aus Consentia getan hat. Von dem zweiten kann man nicht behaupten, daß er ihn falsch oder richtig verstanden hätte, sondern nur, daß er ihn gelesen und wieder gelesen hat, um ihn aufzutrennen, dann wieder zusammenzunähen und ihn mit tausend anderen griechischen Autoren – Freunden wie Feinden – zu vergleichen. Alles in allem bringt ihm seine unendliche Mühe nicht nur keinerlei Vorteil ein, sondern schlägt ihm auch noch zu größtem Nachteil aus dergestalt, daß jeder, der sehen will, in welchen Abgrund von Torheit, Anmaßung und Nichtigkeit

ein pedantischer Charakter stürzen kann, nur dieses eine Buch anzuschauen braucht, bevor es in Vergessenheit gerät. – Aber da sind ja Teofilo und Dicsono!

POLIHIMNIO. *Adeste felices, domini!* [Seid willkommen, ihr Herren!] Eurer Anwesenheit verdankt es sich, daß – obgleich wutentbrannt – ich mich nicht dazu hinreißen lasse, Sentenzen wie Blitze gegen das leere Gerede dieses geschwätzigen Tagdiebs hier zu schleudern.

GERVASIO. Was mich der Gelegenheit beraubt, weiter die Majestät dieses hochwürdigen Kauzes zu genießen.

DICSONO. Solange Ihr Euch nicht erzürnt, mag alles hingehen.

GERVASIO. Was ich sage, sage ich im Scherz; ist mir doch der Herr Magister lieb und teuer.

POLIHIMNIO. *Ego quoque irascor, non serio irascor, quia Gervasium non odi.* [Auch ich, obgleich erzürnt, bin's nicht im Ernst; heg' ich doch keinen Haß gegen Gervasio.]

DICSONO. Wohlan, so laßt mich denn weiter mit Teofilo reden.

TEOFILO. Demokrit[16] nun und die Epikureer[17] behaupten, daß nichts sei außer körperlich Seiendem, und sie folgern daraus, die Materie allein sei die Substanz der Dinge und das Wesen der Gottheit, wie auch ein gewisser Araber namens Avicebron[18] sagte und in einem Buch mit dem Titel *Quelle des Lebens* dartut. Sie alle zusammen mit den Kyrenaikern[19], Kynikern[20] und Stoikern[21] erklären die Formen zu nichts anderem als zu gewissen akzidentellen Eigenschaften der Materie; und auch ich selbst bin lange Zeit ein Anhänger dieser Auffassung gewesen allein deshalb, weil ihre Beweisgründe eher der Natur entsprechen als die des Aristoteles. Wenn man jedoch – aufgrund umfangreicherer Beobachtungen – reiflicher darüber nachgedacht hat, findet man, daß es unumgänglich ist, in der Natur zwei Arten von Substanzen zu erkennen: zum einen die Form, zum anderen die Materie. Es muß nämlich sowohl ein rein substantielles Wirkendes geben, in welchem die aktive Potenz zu allem enthalten ist, wie auch noch ein Vermögen und Substrat, dem die nicht geringere passive Potenz zu allem innewohnt: in jenem waltet die Möglichkeit, zu schaffen, in diesem die Möglichkeit, geschaffen zu werden.

Dicsono. Für jeden, der es recht ermißt, liegt auf der Hand, daß jenes unmöglich immerzu alles schaffen kann, ohne daß stets etwas da wäre, aus dem alles sich schaffen ließe. Wie könnte die Weltseele – ich meine den Inbegriff der Formen –, die unteilbar ist, gestaltungsmächtig sein ohne das Substrat räumlicher Ausdehnung oder Quantität, das die Materie ist? Und wie könnte die Materie Gestalt gewinnen? Vielleicht durch sich selbst? Offenbar können wir dann sagen, daß die Materie durch sich selbst gestaltet wird, wenn wir das gestaltete körperliche Ganze als Materie ansehen und in dem Sinn ›Materie‹ nennen, in dem wir einen Organismus mit all seinen Fähigkeiten als Materie bezeichnen können – im Unterschied nicht zur Form, sondern nur zur Wirkursache.

Teofilo. Niemand kann Euch daran hindern, den Begriff der Materie in Eurem Sinne zu verwenden, so wie er ja von den verschiedenen Schulen in unterschiedlichen Bedeutungen gebraucht wird. Aber die von Euch gewählte Betrachtungsweise würde meines Wissens nur einem Handwerker oder einem Arzt anstehen, der sich auf seine Praxis beruft, wie zum Beispiel jenem, der den gesamten Leib in Quecksilber, Salz und Schwefel zergliedert; was wohl kaum von dem göttlichen Genie eines Arztes zeugt, vielmehr von dem Streben eines Dummkopfes, sich einen Philosophen zu nennen. Die Aufgabe eines Philosophen besteht freilich nicht nur in der Unterscheidung jener Prinzipien, die durch einen physischen Vorgang mittels der Kraft des Feuers voneinander getrennt werden, sondern auch in der Unterscheidung solcher Prinzipien, zu der kein materiell Wirkendes gelangt; denn die Seele – untrennbar vom Schwefel, vom Quecksilber und vom Salz – ist das Formprinzip, das keinen materiellen Eigenschaften unterworfen ist, sondern ganz und gar die Materie beherrscht und nicht von der Tätigkeit der Chemiker berührt wird, deren Scheidekunst bei den drei genannten Elementen stehenbleibt und die eine andere Art Seele kennen als jene Weltseele, die zu definieren uns obliegt.²²

DICSONO. Was Ihr da sagt, ist vortrefflich, und Euer Gedankengang stellt mich sehr zufrieden. Kenne ich doch etliche, die so uneinsichtig sind, daß es für sie keinen Unterschied macht, ob man – mit den Philosophen – die natürlichen Ursachen als absolute im vollen Umfang ihres Wesens versteht, oder ob man sie im eingeschränkten und praktischen Sinn auffaßt. So erscheint die erste Bedeutung den Ärzten überflüssig und unnütz, sofern sie als Ärzte denken, und die zweite gilt den Philosophen als verkürzt und eingeengt, sofern sie als Philosophen sprechen.

TEOFILO. Ihr habt da jenen Punkt berührt, in dem Paracelsus zu loben ist, da er Philosophie vom medizinischen Standpunkt aus betrieben hat, und in dem Galenus zu tadeln ist, weil er die Medizin vom philosophischen Standpunkt aus entworfen hat, so daß bei ihm eine widerliche Mischung und ein völliges Durcheinander entstanden und zuletzt ein wenig bedeutender Arzt und ein sehr verworrener Professor aus ihm geworden ist. Doch sei das mit einigem Vorbehalt gesagt, denn ich hatte nicht Muße genug, diesen Mann von allen Seiten zu prüfen.

GERVASIO. Mit Verlaub, Teofilo, tut mir als erstes den Gefallen und erklärt mir – der ich in der Philosophie noch nicht so erfahren bin –, wie Ihr den Begriff der Materie versteht und was dann in den natürlichen Dingen Materie ist.

TEOFILO. Alle diejenigen, die die Materie abtrennen und sie an sich – ohne Bezug auf die Form – betrachten wollen, bedienen sich des Vergleichs mit der Kunst; so die Pythagoreer, die Platoniker und die Peripatetiker. Schaut Euch nur irgendeine Kunst an, wie zum Beispiel die des Holzschnitzers, der für all seine Gestaltung und Bearbeitung das Holz als Substrat verwendet, so wie der Schmied das Eisen und der Schneider das Tuch. Alle diese Künste schaffen aus einem ihnen eigenen Material verschiedene Gestalten, Ordnungen und Figuren,

von denen keine ihrem Material ursprünglich und wesensmäßig angehört. So auch bedarf die Natur, der die Kunst ähnlich ist, für das Erschaffen ihrer Werke einer Materie; denn es kann unmöglich irgendein Wirkendes geben, das – um etwas zu gestalten – nichts hätte, woraus es gestalten könnte, oder – um etwas zu bearbeiten – nichts hätte, was es bearbeiten könnte. Es gibt also eine Art Substrat, woraus, womit und worin die Natur ihre Werke bildet und ihre Arbeit verrichtet, und welches von ihr in so viele Formen überführt wird, wie sich dem Blick des Betrachters in der Mannigfaltigkeit der Arten darbieten. Und wie das Holz von sich aus keinerlei künstliche Form zeigt, aber durch die Bearbeitung des Holzschnitzers alle Formen annehmen kann, so hat auch die Materie – von der wir sprechen – an sich und in ihrem Wesen keinerlei natürliche Form, kann aber durch die Tätigkeit des aktiven, wirkenden Naturprinzips alle Formen erhalten. Diese Materie der Natur ist selbst nicht sinnlich wahrnehmbar wie die Materie der Kunst, da sie absolut keinerlei Form hat; dagegen ist die Materie der Kunst bereits etwas durch die Natur Geformtes, denn die Kunst kann ihre Wirkung nur auf der Oberfläche des schon von der Natur Geformten hinterlassen, sei es Holz, Eisen, Stein, Wolle oder dergleichen. Die Natur hingegen wirkt sozusagen aus dem Zentrum ihres Substrats oder ihrer Materie heraus, die noch völlig formlos ist. Daher gibt es viele Substrate der Künste, aber nur ein Substrat der Natur; insofern jene Substrate nämlich von der Natur verschieden geformt sind, unterscheiden sie sich voneinander, während dieses Substrat in keiner Weise geformt ist und dadurch völlig unterschiedslos ist, da ja Verschiedenheit und Mannigfaltigkeit nur aus der Form hervorgehen.
GERVASIO. Wie also die von der Natur geformten Dinge die Materie der Kunst sind, so ist ein einziges formloses Ding die Materie der Natur?
TEOFILO. So ist es.
GERVASIO. Ist es dann möglich, daß wir ebenso deutlich, wie

wir die Substrate der Künste erkennen, auch das Substrat der Natur erkennen können?
TEOFILO. Ganz gewiß, jedoch mit anderen Erkenntnisprinzipien; denn wie wir Farben und Töne nicht mit ein und demselben Sinn wahrnehmen, so sehen wir auch das Substrat der Künste und das Substrat der Natur nicht mit ein und demselben Auge.
GERVASIO. Ihr wollt damit sagen, daß wir jenes mit den Augen der sinnlichen Wahrnehmung und dieses mit dem Auge der Vernunft erkennen.
TEOFILO. Allerdings.
GERVASIO. So habt die Freundlichkeit, dieses Argument noch zu verdeutlichen.
TEOFILO. Sehr gern. Dasselbe Verhältnis und dieselbe Beziehung, die in der Kunst zwischen der Form und ihrer Materie bestehen, liegen auch in der Natur – durchaus entsprechend – zwischen der Form und ihrer Materie vor. Wie nun in der Kunst die Formen bis ins Unendliche – wenn das möglich wäre – variieren, unter ihnen aber immer ein und dieselbe Materie erhalten bleibt – wenn zum Beispiel die Form des Baumes zur Form des Stammes wird, dann diese zu jener des Balkens, die wieder zu der des Brettes, darauf zu der des Schemels, des Rahmens, des Kammes und so weiter, bleibt doch jedesmal das Holzsein bestehen –, genauso ist es auch in der Natur: während sie sich ins Unendliche variiert und eine Form der andern folgt, bleibt die Materie doch immer ein und dieselbe.
GERVASIO. Und wie läßt sich dieser Vergleich zu Ende führen?
TEOFILO. Seht Ihr nicht, daß, was Samenkorn war, zum Halm wird; was Halm war, zur Ähre wird; was Ähre war, zum Brot wird; aus dem Brot [im Magen] der Speisebrei wird; aus dem Speisebrei das Blut; aus diesem der Samen; daraus der Embryo, aus dem dann der Mensch; aus diesem der Leichnam; daraus Erde, dann Gestein oder etwas anderes – und so weiter, um zu allen Formen der Natur zu gelangen.

GERVASIO. Dies seh' ich ohne weiteres.
TEOFILO. Es muß also ein und dasselbe sein, das in sich selbst weder Gestein noch Erde, weder Leichnam noch Mensch, Embryo, Blut oder sonst etwas ist, sondern, nachdem es Blut war, zum Embryo wird, indem es das Wesen des Embryos annimmt; nachdem es Embryo war, das Wesen des Menschen annimmt und zum Menschen wird: wie die von der Natur geformte Materie, die der Kunst als Substrat dient; die, nachdem sie Baum war, zum Brett wird und das Wesen des Brettes annimmt; nachdem sie Tür war, das Wesen der Tür annimmt und zur Tür wird.
GERVASIO. Nun hab' ich es ganz und gar verstanden. Doch dieses Substrat der Natur – scheint mir – kann weder ein Körper noch von bestimmter Beschaffenheit sein; denn das, was sich bald unter der einen natürlichen Form und Existenz verbirgt, bald unter einer anderen, zeigt sich nicht auf körperliche Weise wie Holz oder Gestein, die immer als das erscheinen, was sie materiell oder dem Substrat nach sind, unter welcher Form auch immer sie vorliegen.
TEOFILO. Ganz recht.
GERVASIO. Was soll ich aber tun, wenn ich über diesen Gedanken einmal mit einem Unbelehrbaren diskutiere, der nicht wahrhaben will, daß nur eine einzige Materie allen Naturformen zugrunde liegt – so wie je eine [Materie] allen Gestaltungen jeder einzelnen Kunst? Da man diese mit eigenen Augen sieht, kann man sie nicht leugnen, wohl aber jene, die man allein mit der Vernunft erkennt.
TEOFILO. Jagt ihn fort oder gebt ihm keine Antwort!
GERVASIO. Wenn er mich aber mit der Forderung bedrängt, einen Beweis zu liefern, oder wenn es sich gar um eine Respektsperson handelt, die eher mich fortjagen könnte als ich sie und die es für eine Beleidigung nähme, keine Antwort zu erhalten?
TEOFILO. Was würdest du tun, wenn ein blinder Halbgott – jeglicher Ehre und Hochachtung würdig – hartnäckig und unablässig darauf bestünde, von den Farben und der äußeren

Gestalt der natürlichen Dinge Kenntnis zu erhalten aufgrund einleuchtender Beweise? Wie läßt sich zum Beispiel die Form eines Baumes beschreiben, die Form eines Bergmassivs oder eines Gestirns, einer Statue, eines Gewandes oder das Aussehen anderer Kunsterzeugnisse, die doch für jeden Sehenden deutlich erkennbar sind?

Gervasio. Ich würde ihm antworten, daß er, hätte er Augen, keinen Beweis verlangen würde, sondern selber das sehen könnte, was ihm aber – in Anbetracht seiner Blindheit – niemand zu beweisen vermag.

Teofilo. Genauso kannst du auch jenen antworten, daß sie, hätten sie Verstand, keinen weiteren Beweis verlangen würden, sondern [die Materie] von sich aus erkennen könnten.

Gervasio. Diese Antwort würde sie jedoch beschämen und auf andere gar zu ungehobelt wirken.

Teofilo. Dann sagt zu ihnen in einer eher verhüllenden Redeweise: »Mein erlauchter Herr!« oder: »Eure geheiligte Majestät! Wie etliche Dinge nicht anders bewiesen werden können als mit den Händen und durch die Berührung, andere nur durch das Gehör oder den Geschmack und wieder andere allein mit den Augen, so kann die Materie der natürlichen Dinge durch nichts anderes erwiesen werden als durch den Verstand.

Gervasio. Aber vielleicht entgegnet einer, die gar nicht so verhüllte oder so dunkle Finte bemerkend: »Du selbst bist derjenige, der hier keinen Verstand hat; ich habe mehr als alle deinesgleichen zusammen!«

Teofilo. Dann darfst du ihm nicht mehr Glauben schenken als einem Blinden, der von dir behauptet, daß du blind seist, während er selbst besser sehe als alle, die – wie du – zu sehen meinen.

Dicsono. Es sind genug Erklärungen gegeben worden, um aufs deutlichste zu erweisen, daß so jemand noch nie gehört hat, was der Begriff der Materie bedeutet und was man unter Materie in den Naturdingen zu verstehen hat. Lehrt doch schon der Pythagoreer Timaios[23] aus der Verwandlung eines Elements in ein anderes die Materie wiederfinden, die als verborgene sich nur mit Hilfe einer gewissen Analogie erkennen lasse. Wo die Form fester Erde war, sagt er, erscheint danach die Form des Wassers; und hier läßt sich nicht behaupten, daß eine Form die andere annehme, da nichts sein Gegenteil annimmt: das Trockene nicht das Feuchte, oder vielmehr die Trockenheit nicht die Feuchtigkeit; sondern die Trockenheit wird aus einem Dritten vertrieben und die Feuchtigkeit von ihm eingelassen, und dieses Dritte ist das Substrat der beiden einander entgegengesetzten [Seinsformen] und steht selbst zu keiner von ihnen in einem Gegensatz. Wenn man also nicht annehmen kann, daß, was Erde war, zu nichts geworden sei, so muß man davon ausgehen, daß etwas, das in jener Erde war, sich erhalten hat und nun auch im Wasser vorhanden ist und daß es aus demselben Grund, wenn Wasser in Luft verwandelt wird – dadurch, daß es bei Erwärmung zu Gas oder Dampf verdunstet –, auch in der Luft erhalten bleibt und dann dort vorhanden ist.

TEOFILO. Daraus läßt sich – jenen Unbelehrbaren zum Trotz – die Schlußfolgerung ziehen, daß kein Seiendes das Sein verliert und zunichte wird, sondern nur seine akzidentelle äußere und materielle Form aufgibt. Daher kann weder die Materie noch die substantielle Form eines jeglichen Dings in der Natur – also die Seele – aufgelöst oder vernichtet werden und das Sein ganz und gar verlieren. Dasselbe gilt freilich nicht von allem, was bei den Peripatetikern und ähnlichen Denkern ›substantielle Formen‹ heißt, die aus nichts anderem bestehen als aus einer gewissen Zusammensetzung und Ordnung der Akzidenzien; denn alles, was sie außer ihrer Urmaterie [*materia prima*] zu nennen wissen, ist nichts anderes als Akzidens, Zusammensetzung, Habitus einer Eigenschaft, Definitionsprinzip, Washeit [*quiddità*]. Aus diesem Grund haben einige in die Mönchskutte gehüllte scharfsinnige Metaphysiker unter ihnen – in der Absicht, die Unzulänglichkeit ihres Götzen Aristoteles eher zu bemänteln als aufzudecken –

herausgefunden, daß ›Menschheit‹, ›Rindheit‹, ›Olivenheit‹ spezifische substantielle Formen seien, während eine bestimmte ›Menschheit‹ – wie zum Beispiel die ›Sokratesheit‹ –, eine bestimmte ›Rindheit‹ oder ›Pferdheit‹ eine numerische Substanz sei. Dies alles haben sie getan, um uns eine substantielle Form zu schenken, die den Namen der Substanz verdiente, so wie die Materie Namen und Wesen einer Substanz hat. Doch haben sie nichts damit gewonnen; denn fragt man sie der Reihe nach, worin denn das substantielle Sein des Sokrates bestehe, so antworten sie: »In der Sokratesheit.« Fragt man weiter, was sie unter ›Sokratesheit‹ verstehen, so geben sie zur Antwort: »Die eigentümliche substantielle Form und die eigentümliche Materie des Sokrates.« Lassen wir nun diese Substanz, insofern sie die Materie ist, auf sich beruhen und fragen: »Was ist die Substanz als Form?«, so antworten einige: »Seine Seele.« Fragt Ihr weiter, was denn diese Seele sei, und erhaltet dann zur Antwort: »Die Entelechie und Vollendung eines lebensfähigen Körpers«,[24] so bedenkt, daß dies nur ein Akzidens ist. Antworten sie aber, sie sei ein Prinzip des Lebens, Empfindens, Wachsens und Denkens, so beachtet, daß dieses Prinzip – obgleich es, gründlich betrachtet, wie wir es tun, zwar eine Art Substanz ist – dennoch von ihnen nur als Akzidens vorgestellt wird. Denn Prinzip von diesem oder jenem sein heißt noch nicht substantieller und absoluter Grund sein, sondern akzidenteller und relativer Grund, bezogen auf das Prinzipielle, da doch mein Wesen und meine Substanz nicht das bezeichnen, was daraus hervorgeht, d. h. was ich tue oder tun kann, sondern vielmehr das, was ich als Ich bin, und zwar absolut betrachtet. Ihr seht also, wie sie diese substantielle Form, welche die Seele ist, erörtern, die sie zwar zufällig als Substanz erkannt, niemals aber als Substanz betrachtet oder benannt haben.

Diese Unklarheit könnt Ihr noch viel deutlicher bemerken, wenn Ihr danach fragt, worin die substantielle Form von etwas Unbelebtem – zum Beispiel des Holzes – bestehe; diejenigen, die vorgeben, besonders scharfsinnig zu sein, werden antworten: »In der Holzheit.« Nun nehmt diese Materie fort, die das Eisen, das Holz und der Stein gemein haben, und fragt, was denn als substantielle Form des Eisens zurückbleibe. Niemals werden sie Euch etwas anderes als Akzidenzien nennen; diese jedoch gehören zu den Prinzipien der Individuation und erzeugen das Einzelseiende [*particolarità*], denn die Materie kann sich nicht anders zu einem Einzelseienden zusammenziehen als mit Hilfe einer Form; und insofern diese Form konstitutives Prinzip einer Substanz ist, soll sie nach ihrem Willen substantiell sein; doch dann gelingt es ihnen nicht, sie physisch anders als akzidentell nachzuweisen. Und wenn sie schließlich alles getan haben, was ihnen möglich ist, erhalten sie wohl eine substantielle Form, aber nicht eine in der Natur vorhandene, sondern nur eine logische: so macht man letztlich einen rein logischen Begriff zum Prinzip der natürlichen Dinge.

DICSONO. Hat denn Aristoteles das nicht bemerkt?

TEOFILO. Ich glaube, es wird ihm gewiß aufgefallen sein, ohne daß er jedoch einen Ausweg gewußt hätte, weshalb er auch sagte, daß die letzten Unterschiede unbekannt und unbenennbar seien.[25]

DICSONO. Damit scheint er mir seine Unwissenheit offen eingestanden zu haben; und daher halte ich es für besser, sich solchen philosophischen Prinzipien zuzuwenden, die in dieser so wichtigen Frage keine Unwissenheit verschleiern, wie dies Pythagoras, Empedokles und Euer Nolaner tun, deren Ansichten Ihr gestern berührt habt.

TEOFILO. Der Nolaner nimmt an, daß es *ein* Geist ist, der allem das Wesen gibt – von Timaios und den Pythagoreern ›Geber der Formen‹ genannt –, daß es *eine* Seele oder *ein* Formprinzip ist, das alles schafft und formt – von ebendenselben ›Quelle der Formen‹ genannt –, daß es *eine* Materie ist, aus der alles gemacht und gestaltet ist – von allen ›Behältnis der Formen‹ genannt.

DICSONO. Diese Lehre gefällt mir sehr, zumal in ihr – wie es scheint – nichts ausgelassen wird. Müssen wir doch wahrlich, wenn wir ein ewiges und konstantes Prinzip der Materie ansetzen können, auch ein gleichartiges Formprinzip hinzunehmen. Wir sehen, daß alle Formen der Natur aus der Materie entspringen und auch wieder in sie zurückkehren; daher scheint es wirklich nichts zu geben, was beständig, dauerhaft, ewig und als Prinzip zu gelten würdig wäre, außer der Materie. Ferner wird deutlich, daß die Formen kein Sein ohne die Materie haben, in der sie entstehen und vergehen, aus deren Schoß sie hervorkommen und in den sie wieder einkehren. Daher muß die Materie – immer fruchtbar und immer sich gleichbleibend – das besondere Vorrecht haben, als einziges substantielles Prinzip zu gelten, als etwas, das immer bestehen bleibt, während alle Formen zusammen nur als verschiedene Bestimmungen der Materie aufzufassen sind, die kommen und gehen oder verschwinden und sich erneuern, weshalb es ihnen allen nicht zukommt, als Prinzip bezeichnet zu werden. Darum finden sich auch unter denjenigen, die das Wesen der Naturformen wohl durchdacht haben – soweit man dies aus Aristoteles und verwandten Denkern entnehmen kann – solche, die zuletzt die Schlußfolgerung gezogen haben, daß die Formen nur Akzidenzien und Bestimmungen der Materie sind, so daß das Vorrecht, als Aktus und Entelechie zu gelten, nur der Materie zuerkannt werden darf und nichts anderem, von dem wir in Wahrheit weder sagen können, daß es Substanz, noch, daß es Natur sei, sondern nur, daß es an der Substanz und an der Natur hervortritt. Diese selbst erklären sie zur Materie, die bei ihnen als notwendiges, ewiges und göttliches Prinzip gilt, wie bei jenem Mauren Avicebron[26], der sie den in allem waltenden Gott nennt.

TEOFILO. Zu diesem Irrtum wurden sie dadurch verleitet, daß ihnen keine andere als die akzidentelle Form bekannt war. Wenn auch dieser Maure von der peripatetischen Lehre, in der er aufgewachsen ist, die substantielle Form übernommen hat, so betrachtet er diese doch als etwas Vergängliches und nicht nur als etwas an der Materie Veränderliches, als etwas Erzeugtes und nicht selbst Erzeugendes, als etwas Begründetes und nicht selbst Begründendes, als etwas Hervorgetriebenes und nicht selbst Hervortreibendes; damit setzte er ihren Wert herab und hielt sie für etwas Unedles im Vergleich zu der dauerhaften, ewigen, gebärenden, mütterlichen Materie. Und so geht es gewiß allen, die das nicht erkennen, was uns bekannt ist.

DICSONO. Das ist nun gründlich genug erörtert worden, und es ist Zeit, von dieser Abschweifung wieder zu unserem eigentlichen Thema zurückzukehren. Wir können jetzt die Materie von der Form unterscheiden, nämlich von der akzidentellen – sei sie, wie sie wolle – und von der substantiellen Form. Was noch zu untersuchen bleibt, ist ihre Natur und ihre Realität. Aber zunächst möchte ich gern wissen, ob man nicht – in Anbetracht der allumfassenden Verbindung, die diese Weltseele und universale Form mit der Materie eingeht – auch jene andere philosophische Ansicht gelten lassen kann, die Aktus und Wesen der Materie nicht voneinander trennt und diese als etwas Göttliches auffaßt und nicht als so eigenschafts- und formlos, daß sie sich nicht selbst gestalten und einkleiden könnte.

TEOFILO. Nicht ohne weiteres; denn nichts wirkt völlig auf sich selbst; vielmehr besteht immer ein gewisser Unterschied zwischen dem Wirkenden und dem Bewirkten oder demjenigen, an dem die wirkende Tätigkeit erfolgt. Daher tut man gut daran, in dem Organismus der Natur die Materie von der Seele zu unterscheiden und in dieser wieder einen Unterschied zwischen den einzelnen Arten und ihrem gemeinsamen Wesen zu machen. So lehren wir, daß in diesem Organismus dreierlei enthalten ist: erstens der in den Dingen waltende universale Intellekt, zweitens die belebende Seele des Ganzen und drittens das Substrat. Doch deshalb wollen wir keinem den Titel eines Philosophen absprechen, der diesen geformten Organismus oder – wie wir lieber sagen – diesen beseelten, vernunftbegabten Organismus seinem philosophischen Ansatz gemäß so auffaßt, daß er als erste Prinzipien zunächst gewissermaßen die Glieder dieses Körpers begreift, als da sind Luft, Erde und Feuer; oder Ätherregion und Gestirn; oder Geist und Körper; oder Leeres und Volles – jedoch das Leere nicht im Sinne von Aristoteles verstanden –; oder sie auf eine andere angemessene Weise [erkennt]. Eine solche Philosophie soll mir darum nicht verwerflich scheinen, besonders wenn sie – wie auch immer das Fundament und das darauf errichtete Gebäude beschaffen sein mögen – die Vollendung der spekulativen Wissenschaft und der Naturerkenntnis befördert, wie dies wahrlich von vielen älteren Philosophen erreicht wurde. Denn nur einem ehrgeizigen, eitlen und mißgünstigen Rechthaber würde es einfallen, andere davon überzeugen zu wollen, es gebe nur einen einzigen Weg, die Natur zu erforschen und zu erkunden; und nur ein Narr oder jemand, dem der Verstand fehlt, könnte von sich selbst behaupten, diesen Weg zu besitzen. Obgleich also der beständigere und zuverlässigere Weg – der sich deutlicher abzeichnet und einen größeren Überblick gewährt – ebenso wie auch die höhere Ebene der Betrachtung es stets verdienen, vorgezogen, höher geachtet und besser gepflegt zu werden, so ist doch auch eine andere Methode nicht zu tadeln, sofern ihr gute Früchte beschieden sind, auch wenn diese nicht von demselben Baum stammen.

DICSONO. Ihr billigt es also, verschiedene Philosophien zu studieren?

TEOFILO. Durchaus – vorausgesetzt, es hat jemand genügend Zeit und Begabung; denn anderen empfehle ich allein das Studium der besten Philosophie, so es ihnen von den Göttern vergönnt ist, sie herauszufinden.

DICSONO. Dennoch bin ich sicher, daß Ihr nicht alle Philosophien empfehlt, sondern nur die guten und besseren.

TEOFILO. In der Tat. So mißbillige ich auch unter den verschiedenen Heilmethoden keineswegs diejenige, die auf magische Weise verfährt – durch Auflegen von Wurzeln, Anhängen von Steinen oder Murmeln von Zaubersprüchen –, wenn die Strenge der Theologen es mir gestattet, wie ein bloß

Naturkundiger zu reden. Ich erkenne auch diejenige an, die auf physische Weise vorgeht und Rezepturen von Apothekern verordnet, um die Galle, die Blutfülle, den Schleim und die Melancholie[27] zu bekämpfen und zu vertreiben. Ebenso befürworte ich jene andere Methode, die sich alchimistischer Mittel bedient, indem sie die Quintessenzen[28] dadurch entbindet, daß sie mit Hilfe des Feuers aus allen Zusammensetzungen das Quecksilber entweichen läßt, das Salz ausscheidet und den Schwefel zum Aufleuchten oder Schmelzen bringt. Doch darüber zu entscheiden, welche unter so vielen guten Heilmethoden medizinisch die beste sei, liegt mir fern; denn der Epileptiker, an dem ein Vertreter der physischen und einer der alchimistischen Methode vergeblich herumkuriert haben, wird aus gutem Grund einen Magier, der ihn geheilt hat, den beiden anderen Ärzten vorziehen. Auf gleiche Weise prüft nun die anderen Methoden, und Ihr werdet sehen, daß keine weniger gut als die andere ist, wenn nur jede von ihnen das Ziel erreicht, das sie sich gesteckt hat. Im gegebenen Fall ist dann derjenige, der mich heilen kann, der bessere Arzt gegenüber solchen, die mich martern oder gar ums Leben bringen.

DICSONO. Woher kommt es aber, daß die verschiedenen Schulen der Ärzte untereinander so verfeindet sind?

TEOFILO. Von der Habgier, der Mißgunst, dem Ehrgeiz und der Unwissenheit. Verstehen sie sich im allgemeinen schon kaum auf die eigene Heilmethode, so können sie um so weniger die von anderen beurteilen. Da außerdem die meisten von ihnen nicht das Zeug dazu haben, es zu Ansehen und Wohlstand zu bringen, suchen sie wenigstens durch Herabsetzung anderer eigene Vorzüge zu gewinnen; so, wenn sie das zu verachten vorgeben, was sie selbst nicht erreichen können. Doch der beste unter ihnen und ein wirklicher Arzt wäre derjenige, der nicht nur Physiker, sondern auch noch Alchimist und Mathematiker wäre. – Um nun auf unser Thema zurückzukommen, so ist unter den verschiedenen Philosophien diejenige die beste, die zugleich auf die angenehmste und hervorragendste Weise der Vervollkommnung des menschlichen Geistes dient, dabei der Wahrheit der Natur am besten entspricht und mit ihr soweit wie möglich zusammenwirkt, indem sie diese entweder erahnt – gemäß der Ordnung der Natur und dem Grundgedanken des Wechsels; jedoch weder aufgrund angeborenen Instinkts wie bei den Tieren und denjenigen, die ihnen ähnlich sind, noch durch Eingebungen guter oder böser Dämonen wie bei den Propheten, noch infolge melancholischer Entrücktheit wie bei den Dichtern und anderen beschaulichen Naturen –, oder indem sie Gesetze gibt und die Sitten läutert oder heilend wirkt oder ein glückseligeres und erhabeneres Leben erkennen und führen lehrt. Wie Ihr also seht, gibt es keine von verständigem Sinn geleitete Philosophie, die nicht etwas Gutes für sich hätte, das den anderen abgeht. Dasselbe denke ich von der Heilkunst, die von Prinzipien ausgeht, die eine nicht unerhebliche Vertrautheit mit Philosophie voraussetzen; wie die Tätigkeit von Füßen und Händen nicht ohne die der Augen auskommt. Aus diesem Grund sagt man, daß niemand einen guten Anfang in der Medizin machen kann, der nicht auch einen guten Abschluß in Philosophie hat.

DICSONO. Besonders gefällt es mir an Euch und scheint mir lobenswert, daß Ihr weder so ungehobelt noch so schmähsüchtig und ehrgeizig seid wie Aristoteles, der die Lehrmeinungen aller anderen Philosophen mitsamt ihren Methoden voll und ganz verworfen wissen wollte.

TEOFILO. Dennoch kenne ich keinen unter allen Philosophen, die es gibt, der mehr auf bloße Einbildungen baute und sich weiter von der Natur entfernt hätte als er; und wenn er auch manchmal vortreffliche Dinge sagt, so sind sie doch offenkundig nicht von seinen eigenen Prinzipien abgeleitet, sondern stets den Lehrsätzen anderer Philosophen entnommen, die uns dann als vortreffliche Stellen in seinen Büchern über die Zeugung, die Meteore, die Tiere und die Pflanzen begegnen.

DICSONO. Um nun zu unserem Thema zurückzukehren: Seid

Ihr denn der Ansicht, daß man – ohne einen Irrtum zu begehen oder sich in Widersprüche zu verwickeln – von der Materie verschiedene Definitionen geben könne?
TEOFILO. Gewiß doch – nämlich so, wie verschiedene Sinne über denselben Gegenstand [verschieden] urteilen und dieselbe Sache auf verschiedene Weise vorgestellt werden kann. Auch läßt sich – wie schon angedeutet – ein und dasselbe von verschiedenen Seiten betrachten. So haben die Epikureer allerlei Vortreffliches gesagt, ohne sich jedoch über die materielle Qualität erheben zu können, während Heraklit[29] Hervorragendes lehrt, ohne über die Seele hinauszukommen. Dagegen mangelt es Anaxagoras nicht an zunehmender Erkenntnis der Natur, da er nicht nur in ihrem Innern, sondern auch außerhalb ihrer und wohl auch über ihr einen Intellekt annimmt, den Sokrates, Platon, Trismegistos[30] und unsere Theologen ›Gott‹ nennen. Ebenso hindert nichts, daß derjenige, der von praktischer Erfahrung ausgeht – was von anderen ›einfältig‹ genannt wird –, mit demselben Erfolg die Geheimnisse der Natur aufdeckt wie jene, die mit begrifflicher Theorie beginnen; und unter ihnen erkennt derjenige nicht weniger, der von der Beschaffenheit des Leibes ausgeht, als jener, der mit den Körpersäften beginnt, oder als einer, der bei den sinnlich wahrnehmbaren Elementen ansetzt oder aber hoch oben bei den absoluten Wesenheiten oder auch bei der Materie allein, dem höchsten und edelsten Prinzip unter allen. Tut doch zuweilen einer, der den längeren Weg nimmt, darum nicht auch die bessere Reise – insbesondere, wenn sein Ziel nicht so sehr die Theorie als vielmehr die Praxis ist. Was nun die philosophische Methode betrifft, so ist es nicht weniger erfolgversprechend, die Formen wie aus einem Knäuel herauszuziehen, als sie gleichsam in einem Chaos zu unterscheiden oder sie gewissermaßen aus einer Quelle der Ideen zu schöpfen, aus der Möglichkeit in die Wirklichkeit zu befördern, sie wie aus einem Schoß hervorzuholen oder sie gleichsam aus einem stockfinstern Abgrund ans Licht zu bringen. Denn jedes Fundament ist gut, sofern es das Ge-

bäude zu tragen vermag, und jeder Same ist kostbar, wenn die Bäume und die Früchte begehrenswert sind.

DICSONO. Um nun zum Ziel zu kommen, so habt die Freundlichkeit, Eure Lehre von jenem Prinzip klar und deutlich vorzutragen.

TEOFILO. So viel ist gewiß, daß dieses Prinzip, das man Materie nennt, auf zweierlei Art betrachtet werden kann: erstens als Vermögen, zweitens als Substrat. Nimmt man es in der Bedeutung von Vermögen, so gibt es kein Ding, worin man es nicht auf gewisse Weise und in einem bestimmten Sinn wiederfinden könnte. Die Pythagoreer, Platoniker, Stoiker und andere haben dieses Prinzip sowohl in der intelligiblen als auch in der empirischen Welt vorausgesetzt; wir hingegen verstehen es nicht in demselben Sinn wie jene, sondern in einer höheren und weiter entfalteten, wie wir in den folgenden Ausführungen über das Vermögen oder vielmehr die Möglichkeit dartun werden. Im allgemeinen unterscheidet man beim Vermögen ein aktives, wodurch sein Substrat wirken kann, und ein passives, wodurch es selbst *sein*, etwas empfangen, haben oder irgendwie Substrat eines Wirkenden sein kann. Das aktive Vermögen zunächst einmal beiseite lassend, behaupte ich, daß das Vermögen in seiner passiven Bedeutung – wenn es auch nicht nur passiv ist – entweder relativ oder absolut betrachtet werden kann. So gibt es kein Ding, von dem man das Sein aussagen kann, von dem man nicht auch das Seinkönnen aussagte; entspricht doch das passive Vermögen so gänzlich dem aktiven, daß auf keinerlei Weise das eine ohne das andere ist. Wenn wir also das Vermögen des Schaffens, Hervorbringens und Erzeugens immer gegeben hat, so hat es auch immer das Vermögen gegeben, geschaffen, hervorgebracht und erzeugt zu werden; denn das eine Vermögen schließt das andere mit ein, womit ich sagen will: wenn das eine gesetzt wird, so setzt es notwendig auch das andere. Da nun dieses Vermögen keine Schwäche in bezug auf dasjenige bezeichnet, dem es zuerkannt wird, sondern vielmehr dessen Kraft und Wirksamkeit bestätigt, ja sogar letztlich mit dem aktiven Vermögen zusammen ein und dasselbe bildet, so gibt es keinen Philosophen oder Theologen, der zögern würde, es als dem ersten, übernatürlichen Prinzip zugehörig zu erachten. Denn die absolute Möglichkeit, durch welche die Dinge, die wirklich sind, auch sein können, ist weder früher noch später als die Wirklichkeit, und das Seinkönnen ist gleichzeitig mit dem wirklichen Sein und geht diesem nicht voran; wenn nämlich das, was sein kann, sich selber erzeugte, würde es sein, bevor es erzeugt wäre. Betrachten wir nun das erste und vollkommene Prinzip, das alles ist, was es sein kann! Es würde nicht alles sein, wenn es nicht alles sein könnte; in ihm sind Möglichkeit und Wirklichkeit ein und dasselbe. Nicht so steht es mit den anderen Dingen, die – obgleich sie sind, wie sie sein können – ebensogut vielleicht auch nicht sein könnten, oder aber etwas anderes, oder dasselbe auf andere Weise; denn nichts anderes ist alles, was es sein kann. Der Mensch ist das, was er sein kann, aber er ist nicht alles, was er sein kann; und der Stein ist nicht alles, was er sein kann, da er weder Kalk ist, noch Gefäß, noch Staub oder Kraut. Das, was alles ist, was es sein kann, ist das Eine, das in seinem Sein jegliches Sein enthält. Es ist alles, was ist, und kann jedes beliebige andere sein, das ist und sein kann. Kein anderes Ding ist ebenso beschaffen, denn hier ist das Vermögen nicht gleich der Wirklichkeit, insofern es nämlich nicht absolute, sondern nur begrenzte Wirklichkeit ist, wie auch das Vermögen immer nur auf *eine* Wirklichkeit beschränkt ist, weil sie nie mehr als ein besonderes und einzelnes Sein hat; und wenn es dennoch jede Form und jede Wirklichkeit anstrebt, so geschieht auch dies nur aufgrund bestimmter Anlagen und nur in einer bestimmten Reihenfolge, nach der ein Sein auf das andere folgt. Also jegliches Vermögen und jegliche Wirklichkeit, die in dem ersten Prinzip gleichsam zusammengefaltet, vereinigt und eines ist, ist in den anderen Dingen auseinandergefaltet, zerstreut und vielfach. Das Universum, welches das großartige Ebenbild und Abbild, die eingeborene Natur darstellt, ist ebenfalls alles,

was es sein kann, weil die Arten und die hauptsächlichen
Glieder in ihm sich gleichbleiben und es alle Materie enthält,
zu der nichts hinzukommt und von der nichts an jeglicher
Form verlorengeht. Doch ist es noch nicht alles, was es sein
kann, da seine Unterschiede, Bestimmungen, Eigenheiten
und Individuen erhalten bleiben. Daher ist das Universum
nichts als ein Schatten der ersten Wirklichkeit und des ersten
Vermögens, und insofern sind in ihm Vermögen und Wirklichkeit nicht absolut dasselbe, denn keiner seiner Teile ist
alles, was er sein kann. Andererseits ist das Universum in dem
besonderen oben bezeichneten Sinne alles, was es sein kann,
und zwar auf eine entfaltete, zerstreute und unterschiedene
Weise. Sein Prinzip dagegen ist dies auf eine einheitliche und
unterschiedslose Art, denn Alles ist Alles und ein und dasselbe auf absolut einfache Weise ohne allen Unterschied.
DICSONO. Wie aber könnt Ihr den Tod erklären, die Verwesung, die Mängel, die Gebrechen und die Mißbildungen?
Meint Ihr, daß auch sie ihren Ort innerhalb dessen haben,
was alles ist, was es sein kann und was alles das in Wirklichkeit ist, was es seinem Vermögen nach ist.
TEOFILO. Diese Dinge sind nicht Wirklichkeit und Vermögen, sondern Mangel und Unvermögen, die sich in den entfalteten Einzeldingen finden, da diese nicht alles sind, was sie
sein können und zu dem, was sie sein können, gezwungen
werden. Da sie nun nicht zugleich und auf einmal vielerlei
sein können, müssen sie das eine Sein verlieren, um das
andere zu erlangen; dann vermischt sich zuweilen das eine
Sein mit dem anderen, und es entstehen Fehler, Mängel und
Mißbildungen, weil sich das eine Sein nicht mit dem anderen
verträgt, während beide zugleich die Materie beanspruchen.
Aber kommen wir auf unser Thema zurück: das erste und
absolute Prinzip zeigt Erhabenheit und Größe, und zwar solche Erhabenheit und Größe, daß es alles ist, was es sein kann.
Es ist nicht auf solche Weise groß, daß es etwa noch größer
oder auch kleiner sein könnte, oder teilbar wäre wie jede
andere Größe, die nicht alles ist, was sie sein kann, sondern es

ist die größte, kleinste, unendliche, unteilbare und alles Maß umfassende Größe. Es ist nicht das Größte, weil es auch das Kleinste ist; es ist nicht das Kleinste, weil es zugleich das Größte ist. Es ist über jeden Vergleich erhaben, weil es alles ist, was es sein kann. Überhaupt gilt, was ich von seiner Größe gesagt habe, von allem, was sich von ihm sagen läßt; denn es ist ebenso die Güte, die alle Güte ist, die nur sein kann; es ist die Schönheit, die alles Schöne ist, was nur sein kann; und es gibt nichts anderes Schönes, das alles wäre, was es sein kann, ausgenommen jenes eine. Eines ist, was alles ist und absolut sein kann. In den Naturdingen sehen wir sonst nichts, was etwas anderes wäre als das, was es in Wirklichkeit ist, wodurch es das ist, was es sein kann, weil es eben eine bestimmte Art von Wirklichkeit hat; so ist es als dieses spezifische Einzelseiende niemals alles, was ein beliebiges Einzelnes sein kann. Nimm die Sonne als Beispiel: sie ist nicht alles, was die Sonne sein kann, sie ist nicht überall, wo die Sonne sein kann; denn wenn sie im Osten über der Erde aufgeht, so steht sie nicht gerade im Westen oder im Süden oder in einer anderen Himmelsrichtung. Wenn wir nun aber darstellen wollen, auf welche Weise Gott die Sonne ist, so müssen wir sagen – da Er ja alles ist, was Er sein kann –, daß Er zugleich im Osten, Westen, Süden und Norden sowie an jedem beliebigen Punkt der Erdkugel ist. Bewegt sich also die Sonne – was wir voraussetzen wollen – infolge ihres eigenen Umlaufs oder infolge der Erdumdrehung und wechselt ihren Ort, weil sie nicht an einem Ort tatsächlich ist, ohne ihrem Vermögen nach auch an allen anderen zu sein und daher die Fähigkeit hat, dort zu sein: weil sie mithin alles ist, was sie sein kann, und alles hat, was sie haben kann, so ist sie auch zugleich überall und in allem als das Beweglichste und Schnellste, aber auch als das Feststehendste und Unbeweglichste. Daher finden wir in Gottes Wort, daß sie das ewig Feststehende und das Schnellste genannt wird, das von einem Ende zum anderen eilt;[31] denn das wird als unbeweglich aufgefaßt, was in demselben Augenblick von Osten kommt und nach Osten zurückkehrt. Überdies sieht man die Sonne nicht weniger im Osten als im Westen oder als an jedem beliebigen anderen Punkt ihrer Umlaufbahn; es ist also nicht sinnvoller zu behaupten, daß sie an diesem bestimmten Punkt aufgeht oder aufgegangen ist und zu ebendiesem Punkt wieder zurückkehrt oder zurückgekehrt ist, als dasselbe in bezug auf jeden beliebigen anderen der unendlich vielen Punkte zu sagen. Folglich wird sie immer ganz in ihrer gesamten Kreisbahn sein und ebenso an jedem beliebigen Teil davon, so daß jeder unteilbare Punkt der Ekliptik den ganzen Durchmesser der Sonne enthält. So kommt es, daß ein Unteilbares das Teilbare enthält, was nicht auf eine natürliche Möglichkeit zurückgeht, sondern auf eine übernatürliche, nämlich auf die Voraussetzung, daß die Sonne dasjenige ist, welches in Wirklichkeit alles ist, was es sein kann. Das in dieser Weise absolute Vermögen ist nicht nur das, was die Sonne sein kann, sondern etwas, das jedes Ding ist oder sein kann: das Vermögen aller Vermögen, die Wirklichkeit aller Wirklichkeiten, das Leben aller Leben, die Seele aller Seelen, das Sein allen Seins. Daher lautet der erhabene Ausspruch der Offenbarung: »Der, welcher ist, sendet mich; der, welcher ist, spricht also.«[32] Deshalb ist in Ihm ein und dasselbe, was sonst widersprechend und entgegengesetzt ist, und ein Jegliches ist in Ihm dasselbe. Durchquere denn die Unterschiede der Zeiten und der Zeiträume so wie die Verschiedenheit der Wirklichkeit und der Möglichkeit, denn Er ist weder Altes noch Neues, sondern, wie die Offenbarung treffend sagt: Er ist der Erste und der Letzte.[33]

DICSONO. Diese absoluteste Wirklichkeit, die dasselbe ist wie das absoluteste Vermögen, kann von der Vernunft nur vermittels der Negation begriffen werden; sie kann – wie ich meine – weder erkannt werden, insofern sie alles sein kann, noch insofern sie alles ist. Denn will die Vernunft verstehen, so muß sie sich eine begriffliche Vorstellung bilden, sich dieser ähnlich, kommensurabel und gleich machen. Aber dies ist unmöglich, denn die Vernunft ist niemals so groß, als daß sie nicht noch größer sein könnte; jene Wirklichkeit hingegen ist in jedem Sinn und in jeder Beziehung so unermeßlich, daß sie gar nicht größer sein könnte. Es gibt also kein Auge, das sich diesem allerhellsten Licht oder diesem allerdunkelsten Abgrund nähern könnte oder Zugang zu ihm hätte.

TEOFILO. Daß diese Wirklichkeit mit dem absoluten Vermögen zusammenfällt, ist von dem göttlichen Geiste sehr deutlich gesagt worden, wo es heißt: *Tenebrae non obscurabuntur a te. Nox sicut dies illuminabitur. Sicut tenebrae eius, ita lumen eius.* [Die Finsternis wird bei Dir nicht dunkel sein. Die Nacht wird leuchten wie der Tag. Wie Seine Finsternis, so ist auch Sein Licht.][34] Um also zum Schluß zu kommen, so seht Ihr, wie groß die Herrlichkeit jenes Vermögens ist. Wenn es Euch denn gefällt, es das Wesen der Materie zu nennen – was die gewöhnlichen Philosophen nicht durchschaut haben –, so könnt Ihr, ohne darum die Gottheit zu erniedrigen, der Materie einen höheren Rang einräumen als dies Platon (in seinem *Staat*) und Timaios tun. Diese haben gar manchen Theologen erzürnt, indem sie den Begriff der Materie allzu hoch angesetzt haben. Das kommt daher, daß entweder jene sich nicht genau genug ausgedrückt haben oder daß diese sie nicht richtig verstanden haben; denn aufgewachsen in der Lehre des Aristoteles, begreifen sie die Bedeutung der Materie lediglich im Sinne des Substrats für die Dinge in der Natur und berücksichtigen nicht, daß bei den anderen die Materie etwas ist, das der intelligiblen und der empirischen Welt gemeinsam angehört, wie sie sagen, indem sie die Bedeutung in einem analogen Doppelsinn auffassen. Man sollte also diese Meinungen, bevor man sie verdammt, zuerst gründlich prüfen und dabei beachten, daß die Ausdrucksweisen sich ebensosehr unterscheiden wie die Ansichten selbst, besonders in Anbetracht dessen, daß zwar zuweilen alle im Allgemeinbegriff der Materie übereinstimmen, sich dann aber in seiner speziellen Anwendung voneinander unterscheiden. Und was nun unsere Auffassung anbelangt, so ist es unmöglich – einmal von dem Wort ›Materie‹ abgesehen –, daß sich irgendein Theologe findet, der – sei er auch noch so arglistig und böswillig – mich der Gottlosigkeit zeihen könnte, weil ich bei meinen Aussagen über das Zusammenfallen von Vermögen und Wirklichkeit diese beiden Begriffe im absoluten Sinne verwandt habe. Daher möchte ich den Vergleich – soweit es erlaubt ist – fortführen und folgenden Schluß ziehen: Das Ebenbild jenes Vermögens und jener Wirklichkeit wird – indem es als spezifische Wirklichkeit alles ist, was es als spezifisches Vermögen ist; insofern das Universum auf diese Weise alles ist, was es sein kann, sei es auch in bezug auf die numerische Wirklichkeit und das numerische Vermögen, was es wolle – ein Vermögen haben, das von der Wirklichkeit nicht abgelöst ist, und eine Seele, die vom Beseelten nicht abgelöst ist; ich meine nicht das Zusammengesetzte, sondern das Einfache. Daher wird es gleichfalls ein erstes Prinzip des Universums geben, das ebensowenig in ein materiales und ein formales geschieden werden darf und das aufgrund der Ähnlichkeit mit dem vorher genannten sich als absolutes Vermögen und absolute Wirklichkeit auffassen läßt. So wird es weder Schwierigkeiten noch Bedenken bereiten, schließlich anzuerkennen, daß das Ganze der Substanz nach Eines ist, wie dies wohl Parmenides[35] gesehen hat, der von Aristoteles so abfällig beurteilt wird.

Dicsono. Ihr seid also der Ansicht, daß zwar der Stufenbau der Natur in absteigender Folge eine zweifache Substanz aufweist – eine geistige und eine körperliche –, daß aber letztlich beide auf *ein* Sein und *eine* Wurzel zurückgehen?

Teofilo. Wenn Euch scheint, es sei denjenigen zuträglich, die nicht weiter als bis hierher vordringen.

Dicsono. Ohne weiteres, solange Ihr nur nicht über die Grenzen der Natur hinausgeht.

Teofilo. Dafür ist schon Sorge getragen. Wenn wir auch nicht in derselben Art und Weise von der Gottheit reden wie allgemein üblich, so ist doch unsere eigene Auffassung durchaus nicht der gängigen entgegengesetzt oder von ihr abweichend, sondern allenfalls klarer und deutlicher entfaltet, jedoch in dem Sinne, daß sie sich nicht über unsere vernünftige Rede erhebt, was zu unterlassen ich Euch versprochen habe.

DICSONO. Im Sinne von Möglichkeit oder Vermögen ist nun über das materiale Prinzip genug gesagt. Morgen habt die Güte, dasselbe unter dem Gesichtspunkt des Substrats einer Betrachtung zu unterziehen.

TEOFILO. Das will ich tun.

DICSONO. Auf Wiedersehen.

TEOFILO. *Bonis avibus.* [Gehabt Euch wohl.]

Vierter Dialog

Gesprächspartner: Polihimnio, Gervasio, Teofilo, Dicsono

POLIHIMNIO. »*Et os vulvae nunquam dicit, sufficit.*« [»Und niemals sagt der Mund der Vulva: Es ist genug.«][1] *Idest, scilicet, videlicet, ut pote, quod est dictu, materia* [Das heißt, nämlich, natürlich, zumal, sozusagen: die Materie] – denn diese ist damit gemeint – *recipiendis formis numquam expletur* [wird niemals von den Formen, die sie aufnimmt, ganz erfüllt]. Da nun in diesem Lyceum *vel potius* [oder vielmehr] Antilyceum[2] niemand sonst zugegen ist, *solus, ita inquam solus, ut minime omnium solus, deambulabo, et ipse mecum confabulabor* [will ich allein, und doch – wie ich meine – am wenigsten allein von allen, auf- und abgehen und mich mit mir selbst unterhalten]. Die Materie wird also von dem Fürsten der Peripatetiker, dem Lehrer jenes großen Makedoniers[3] – jenes Genies von hohen Graden – *non minus* [nicht weniger] als von dem göttlichen Platon und anderen mehr mit solchen Namen bedacht wie Chaos, *hyle*[4], *silva*[5], Masse, oder Möglichkeit, Vermögen, *privationi admixtum* [der Privation Beigemischtes], *peccati causa* [Ursache der Sünde], *ad maleficium ordinata* [dem Bösen Zugeordnetes], oder *per se non ens* [das durch sich selbst nicht Seiende], *per se non scibile* [das in sich nicht Erkennbare], *per analogiam ad formam cognoscibile* [das nur in Analogie zur Form Erkennbare], oder *tabula rasa* [unbeschriebene Tafel], *indepictum* [Unbeschreibliches], *subiectum* [Zugrundeliegendes], *substratum* [Substrat], *substerniculum* [Unterlage], oder *campus* [Brachfeld], *infinitum* [Unendliches], *indeterminatum* [Unbestimmtes], *prope nihil* [beinahe ein Nichts], oder *neque quid, neque quale, neque quantum* [kein Was und kein Welches und kein Wieviel]. *Tandem* [Schließlich], nachdem ich mich nun mit mannigfaltigen und verschiedenen Nomenklaturen abgeplagt habe, um das Wesen der Materie zu definieren [ziehe ich den

Schluß]: Die Materie wird *ab ipsis scopum ipsum attingentibus* [von denjenigen, die zum eigentlichen Ziel gelangen], als feminin bezeichnet, *tandem inquam – ut una complectantur omnia vocula – a melius rem ipsam perpendentibus femina dicitur* [will sagen – um abschließend alle Namen in einen zusammenzufassen – sie wird von denen, die es wohl erwogen haben, ›Weib‹ genannt]. Und *me hercle* [wahrlich], nicht ohne triftigen Grund hat es den Senatoren im Reiche der Pallas [Athene] gefallen, zweierlei einander gleichzusetzen: die Materie und das Weib. Denn nachdem sie der Weiber Heftigkeit einmal erfahren hatten, sind sie zu Wut- und Zornesausbrüchen getrieben worden, die ihnen wohl rhetorische Vergleiche eingaben wie: »Diese Weiber sind ein Chaos der Unvernunft, eine *hyle* der Heimtücke, eine *silva* der Gemeinheiten, eine Masse der Unlauterkeit, ein Vermögen zu jeglichem Verbrechen!« Oder eine andere rhetorische Einkleidung, wie die sogenannte *complexio*[6]: »Worin bestand die nicht *solum* [nur] entfernte sondern *etiam* [auch] nahe Möglichkeit der Zerstörung von Troja? In einem Weibe! Was war die Ursache für den Verlust der Kräfte des Samson, jenes Helden, der mit einem gefundenen Eselskinnbacken zum Triumphator über die Philister geworden war? Ein Weib! Wer bezwang zu Capua die ungestüme Kraft des großen Feldherrn und Feindes der römischen Republik, Hannibal? Ein Weib!« Und nun eine *exclamatio*[7]: »O du Harfenspieler und Prophet, nenne mir den Grund deiner Hinfälligkeit!« – »*Quia in peccatis concepit me mater mea.*« [»Weil mich meine Mutter in Sünden empfangen hat.«][8] – »Wie, o du unser alter Stammvater, der du Gärtner des Paradieses und Pfleger des Baumes des Lebens warst, wurdest du so betört, daß du dich mit dem Samen des ganzen Menschengeschlechts in den Abgrund der Verderbnis gestürzt hast?« – »*Mulier quam dedit mihi, ipsa, ipsa me decepit.*« [»Das Weib, das Er mir zugesellet hat, sie ist es, die meine Sinne verwirrt hat.«][9] *Procul dubio* [Ohne Zweifel] geht von der Form sowenig eine Sünde wie ein Irrtum aus, es sei denn in Verbindung mit der

Materie. So ist es die in der Rolle des Mannes in vertrauliche Beziehung zur Materie getretene Form, die – nachdem sie sich bei der Begattung mit ihr vermischt hat – nun der *natura naturans*[10] mit diesen Worten oder diesem Satz antwortet: »*»Mulier quam dedisti mihi«, idest* [›Das Weib, das du mir zugesellet hast‹, das heißt]: die Materie, die du mir zur Lebensgefährtin gegeben hast; ›*ipsa me decepit*‹, *hoc est* [›sie ist es, die meine Sinne verwirrt hat‹, das bedeutet]: sie ist die Ursache aller meiner Sünden.« – Sieh und erkenne, du göttlicher Geist, wie die hervorragenden Philosophen und scharfsinnigen Anatomen der Eingeweide der Natur – im Bemühen, uns das Wesen der Materie vollständig vor Augen zu führen – keinen besseren Weg gefunden haben, als uns durch jene Analogie aufzuklären, die besagt, daß die natürlichen Dinge durch die Einwirkung der Materie in den gleichen Zustand versetzt werden wie die wirtschaftliche, politische und bürgerliche Welt durch den Einfluß des weiblichen Geschlechts! Macht die Augen auf, weit auf, und ... ah, da sehe ich jenen Ausbund von Prahlerei kommen, diesen Gervasio, der mir den Faden meiner kraftvollen Rede abschneidet. Ich fürchte, er hat mich gehört; aber was liegt mir daran?

GERVASIO. *Salve magister doctorum optime!* [Seid mir gegrüßt, Magister, der Gelehrten Bester!]

POLIHIMNIO. Wenn du nicht – *tuo more* [wie es deine Art ist] – mich verspotten willst, *tu quoque salve* [so sei auch du gegrüßt].

GERVASIO. Gern hätte ich gewußt, was dich hier allein so ins Grübeln bringt.

POLIHIMNIO. In meiner inneren Bibliothek studierend, *in eum qui apud Aristotelem est locum incidi* [bin ich auf jene Stelle bei Aristoteles gestoßen] im ersten Buch der *Physik*[11], *in calce* [am Ende], wo er verdeutlichen will, was die *prima materia* [Urmaterie] sei, und zum Vergleich das weibliche Geschlecht nimmt, dieses widerspenstige, gebrechliche, unbeständige, weichliche, kleinliche, ehrlose, unedle, gemeine, verworfene, verächtliche, unwürdige, niederträchtige, unheilvolle, tadelnswerte, kalte, unförmige, leere, eitle, unsinnige, treulose, nachlässige, widerliche, garstige, undankbare, verstümmelte, unvollkommene, unfertige, unzureichende, verkürzte, verkleinerte, verminderte Geschlecht, diesen Mehltau, diese Nessel, dieses Unkraut, diese Pest, diese Seuche, dieser Tod:

> »Von der Natur und Gott uns beigesellt
> Als schwere Last zur Strafe dieser Welt.«[12]

GERVASIO. Ich weiß, Ihr sagt dies, mehr um Euch in der Redekunst zu üben und Euren Wortreichtum sowie Eure Beredsamkeit zu beweisen, als um mit diesen Worten Eure wirkliche Meinung kundzutun. Ist es doch bei euch, ihr Herren Humanisten, die ihr euch Professoren der schönen Wissenschaften nennt, allgemein üblich – wenn ihr euch voll von polemischen Einfällen fühlt, die ihr nicht zurückhalten könnt –, sie nirgendwo anders loszuwerden als auf Kosten des schwachen Geschlechts; wie ihr – wenn euch ein anderer Unmut plagt – diesen an dem erstbesten Übeltäter unter euren Schülern auslaßt. Aber hütet euch, ihr Herren, die ihr dem Orpheus[13] gleicht, vor der rasenden Wut der thrakischen Weiber!

POLIHIMNIO. Polihimnio bin ich, bin Orpheus nicht.

GERVASIO. So tadelt Ihr die Frauen nur zum Schein?

POLIHIMNIO. *Minime minime quidem* [Keineswegs, ganz und gar nicht]: Ich spreche stets in vollem Ernst und meine es nicht anders, als ich's sage; denn ich mache mir nicht – *sophistarum modo* [nach Sophistenart] – ein Gewerbe daraus, zu beweisen, daß weiß schwarz sei.

GERVASIO. Warum färbt Ihr Euch dann den Bart?

POLIHIMNIO. Aber *ingenue loquor* [ich sage offen heraus], daß ein unbeweibter Mann einer der reinen Intelligenzen gleichkommt und ein Heros ist, ein Halbgott, *qui non duxit uxorem* [der sich keinem Weibe verbunden hat]; ...

GERVASIO. Auch ist er einer Auster ähnlich und einem Pilz – ist eine Trüffel, ein Tartüff[14].

POLIHIMNIO. . . . darum hat der lyrische Dichter so vortrefflich gesagt:

Credite Pisones, melius nil celibe vita.

[O glaubt mir, Pisonen, kein besseres ist als ein eheloses' Leben.][15]

Und wenn du den Grund dafür erfahren willst, so höre den Philosophen Secundus[16]: »Das Weib«, sagt er, »ist eine Verhinderung der Ruhe, ein beständiger Schaden, ein täglicher Krieg, ein Gefängnis fürs Leben, ein häusliches Unwetter, der Schiffbruch des Mannes.« Das hat auch jener Biscayer bestätigt, der, durch ein schreckliches Schicksal und die Wut des Meeres in Empörung und Zorn versetzt, sich mit schauerlicher und empörter Miene gegen die Wellen wandte und ihnen zurief: »Meer, o Meer, ach könnte ich dich doch verheiraten!« Er wollte damit zu verstehen geben, daß das Weib der Sturm der Stürme ist. Daher antwortete auch Protagoras[17] auf die Frage, warum er seine Tochter einem seiner Feinde gegeben habe, daß er diesem nichts Schlimmeres antun könne, als ihm zur Ehe zu verhelfen. Des weiteren wird mich jener französische Ehrenmann nicht Lügen strafen, dem bei einem höchst gefährlichen Seesturm der Kapitän Cicala[18] wie den übrigen Passagieren befohlen hatte, den schwersten Teil ihrer Habe ins Meer zu werfen, und der darauf als erstes sein Weib über Bord geworfen hat.

GERVASIO. Ihr führt jedoch zum Gegenbeweis nicht die vielen Beispiele all derer an, die sich ihrer Frauen wegen besonders glücklich schätzen. So hat hier unter diesem Dach – um Euch nicht zu weit fort zu führen – Herr von Mauvissière[19] eine Dame gefreit, die nicht nur mit außergewöhnlicher, ihre Seele wie ein Schleier einhüllender Schönheit des Leibes, sondern auch mit dem dreifachen Bande eines klugen Geistes, edler Zurückhaltung und vornehmen Anstandes den Sinn ihres Gemahls unauflöslich gefesselt hält und jeden, der sie kennenlernt, für sich einzunehmen weiß. Und was willst du von ihrer beider Tochter sagen, die vor kaum einem Lustrum[20] und einem Jahr das Licht der Welt erblickt hat und es dir doch unmöglich machen würde, nach ihrer Sprachkenntnis zu beurteilen, ob sie aus Italien, Frankreich oder England stammt. Ihre Kunst, Musikinstrumente zu spielen, ließe dich unsicher werden, ob sie eine körperliche oder eine unkörperliche Substanz ist. Und angesichts der schon fertigen Vollkommenheit ihrer Sitten würdest du zweifeln, ob sie von der Erde stammt oder vom Himmel herabgestiegen ist. Ein jeder sieht, daß in ihr, um einen so schönen Körper zu schaffen, das Blut beider Eltern zusammenfließen mußte ebenso wie deren heroische Tugenden, um einen so einzigartigen Geist zu bilden.

POLIHIMNIO. *Rara avis* [ein weißer Rabe], diese Maria von Boshtel; *rara avis*, diese Maria von Castelnau!

GERVASIO. Diese Ausnahme, die Ihr den Frauen zubilligt, läßt sich auch hinsichtlich der Männer behaupten.

POLIHIMNIO. Kurz, um auf unser Thema zurückzukommen, das Weib ist nichts anderes als eine Art Materie. Wenn Ihr nun nicht wißt, was das Weib ist, weil Ihr nicht wißt, was Materie ist, so studiert eine Zeitlang die Peripatetiker, die dadurch, daß sie Euch lehren, was Materie ist, Euch zugleich erkennen lassen, was das Weib ist.

GERVASIO. Ich sehe wohl, daß Ihr mit Eurem peripatetischen Hirn wenig oder gar nichts von dem begriffen habt, was gestern Teofilo über die Materie als Wesen und als Vermögen gesagt hat.

POLIHIMNIO. Damit sei es, wie es wolle; ich jedenfalls halte es für richtig, die Begierde der einen wie der anderen dafür zu tadeln, daß sie Ursache allen Übels, allen Leids, allen Mangels, allen Niedergangs und allen Zerfalls ist. Glaubt Ihr nicht, daß keine Veränderung oder kein Leid uns bedrängen würde und wir nicht sterben müßten, sondern unvergänglich und ewig sein würden, wenn die Materie sich mit ihrer gegenwärtigen Form begnügte?

GERVASIO. Und wenn sie sich mit jener Form begnügt hätte, die sie vor fünfzig Jahren gehabt hatte – was würdet Ihr dann sagen? Wärest du jetzt etwa Polihimnio, wenn sie es bei der Form von vor vierzig Jahren belassen hätte; wäret Ihr dann so berüchtigt – ich meine: so berühmt –, so vollkommen und so gelehrt? Wie es also ganz in deinem Sinne ist, daß die anderen Formen von der jetzigen verdrängt wurden, so liegt es im Willen der Natur, die das Weltall lenkt, daß alle Formen allen weichen müssen. Im übrigen erhöht es ja gerade die Würde dieser unserer Substanz, daß sie zu allem werden und jegliche Form annehmen kann, statt eine einzige festzuhalten und dadurch etwas Partikuläres zu bleiben; denn auf diese Weise ist es ihr möglich, dem Alles in Allem Seienden zu gleichen.

POLIHIMNIO. Du fängst mir an gelehrt zu werden, indem du über deine gewohnte Denkweise hinausgehst. So zeige denn, falls du es kannst *a simile* [durch Analogie], welche Würde in den Weibern steckt.

GERVASIO. Das wird mir ein leichtes sein. Aber da kommt ja Teofilo.

POLIHIMNIO. Und Dicsono. Auf ein andermal also. *De iis hactenus.* [Darüber genug jetzt!]

TEOFILO. Sehen wir nicht, daß Peripatetiker wie auch Platoniker die Substanz nach dem Unterschied des Körperlichen und des Unkörperlichen einteilen? Wie nun diese Unterschiede sich auf das Vermögen ein und derselben Gattung zurückführen lassen, so müssen auch die Formen zwei Arten angehören; denn die einen sind transzendent – das heißt den Gattungsbegriffen übergeordnet und werden Prinzipien genannt, wie Wesenheit, Einheit, Eines, Ding, Etwas und dergleichen; die anderen sind von einer bestimmten Gattung – und unterscheiden sich von anderen Gattungen –, wie Substantialität und Akzidentialität. Die Formen der ersten Art erzeugen keine Unterschiede in der Materie und bewirken in ihr nicht das eine Mal dieses und das andere Mal jenes Vermögen, sondern bezeichnen – als allgemeinste Bestimmungen, die sowohl die körperlichen wie die unkörperlichen Substanzen umfassen – das allgemeinste, gemeinsamste und einheitliche [Vermögen] der einen wie der anderen [Substanzen]. So sagt Avicebron[21]: »Wenn wir – bevor wir die Materie der akzidentellen Formen, also das Zusammengesetzte, erkennen – zuerst die Materie der substantiellen Form, die davon ein Teil ist, erkannt haben müssen, was hindert uns dann – bevor wir die Materie, die sich zu körperlichen Formen zusammengezogen hat, erkennen –, zunächst ein Vermögen vorauszusetzen, das gemäß den Formen körperlicher *und* unkörperlicher, vergänglicher *und* unvergänglicher Natur unterscheidbar ist?« Wenn überdies alles, was ist – angefangen mit dem höchsten und obersten Wesen –, eine bestimmte Ordnung hat und eine Reihenfolge, eine Stufenleiter bildet, worauf man vom Zusammengesetzten zum Einfachen und von diesem zum Allereinfachsten und gänzlich Absoluten emporsteigt über Mittel- und Bindeglieder, die an der Natur beider Extreme teilhaben und doch ihrem eigenen Wesen nach neutral sind; wenn es keine Ordnung gibt ohne eine gewisse Teilhabe, keine Teilhabe ohne eine gewisse Verknüpfung und keine Verknüpfung ohne irgendeine Teilhabe, dann folgt, daß es für alle subsistierenden Dinge *ein* Prinzip der Subsistenz geben muß. Dazu kommt, daß die Vernunft selbst nicht umhin kann, vor jedem unterscheidbaren Ding ein noch ungeschiedenes vorauszusetzen – ich spreche von den seienden Dingen, denn zwischen reinem Sein und Nichtsein besteht meiner Ansicht nach kein tatsächlicher, sondern nur ein sprachlicher oder terminologischer Unterschied. Jenes ungeschiedene Ding aber ist ein allgemeiner Begriff, zu dem der Unterschied oder die unterscheidende Form hinzutritt. Und gewiß läßt es sich nicht leugnen, daß wie alles sinnlich Wahrnehmbare ein Substrat der sinnlichen Wahrnehmung, so alles Intelligible ein Substrat der Intelligibilität voraussetzt. Es muß also etwas geben, das dem gemeinsamen Begriff beider Substrate entspricht. Denn jede Wesenheit gründet notwendigerweise in irgendeinem Sein, ausgenommen die erste, die mit ihrem Sein identisch ist, weil ihr Vermögen ihre Wirklichkeit ist, weil sie alles ist, was sie sein kann, wie ich gestern gesagt habe. Wenn zudem die Materie sogar meinen Gegnern zufolge kein Körper ist, sondern ihrer Natur nach dem körperlichen Sein vorangeht, was vermag sie dann von den unkörperlich genannten Substanzen so weit zu entfernen? Auch fehlt es nicht an Peripatetikern, die behaupten, daß – so wie sich in den körperlichen Substanzen ein gewisses Etwas findet, das dem Formalen und Göttlichen angehört – in den göttlichen ein solches sein muß, das dem Materiellen angehört, damit sich das Niedere nach dem Höheren richten und die Ordnung des einen sich der Ordnung des anderen fügen könne. Und die Theologen – von denen zwar etliche in der Lehre des Aristoteles herangebildet wurden – können mir dennoch in diesem Zusammenhang nicht lästig werden, wenn sie nur einräumen, daß sie mehr ihrer Heiligen Schrift als der Philosophie und der natürlichen Vernunft verpflichtet sind. »Bete mich nicht an«, sagte einer ihrer Engel zum Erzvater Jakob, »denn ich bin dein Bruder!«[22] Wenn also derjenige, der da redet, ihrer Auffassung nach eine intellektuelle Substanz ist und durch seinen Ausspruch bestätigt, daß er mit jenem Menschen in der Realität *eines* Substrats verbunden ist – ungeachtet allen formalen Unterschieds –, so folgt daraus, daß die Philosophen ein Orakel der Theologen zum Zeugnis haben.

DICSONO. Ich weiß, Ihr sagt dies mit aller Ehrerbietung, da Ihr wißt, daß es Euch nicht ansteht, auf Beweisgründe zurückzugreifen, die außerhalb unserer Gefilde liegen.

TEOFILO. Da habt Ihr völlig recht; aber ich führe es auch nicht als Beweis und Bestätigung an, sondern um jenen Bedenken zu entgehen, die mich fürchten lassen, sowohl ein Gegner der Theologie zu scheinen als auch, es zu sein.

DICSONO. Kluge Theologen werden jederzeit die Einsichten der natürlichen Vernunft anerkennen, so weit diese sich auch erstrecken mögen und sich nur nicht gegen die göttliche Autorität wenden, sondern sich dieser unterordnen.

TEOFILO. Von dieser Art sind die meinigen und werden es immer sein.
DICSONO. Gut so! Fahrt nun fort!
TEOFILO. Auch Plotin[23] sagt in seinem Buch *Über die Materie*, daß es in der intelligiblen Welt angesichts der Menge und Vielheit der Arten auch etwas Gemeinsames, über deren Eigenheit und Unterschiedlichkeit Hinausgehendes, geben müsse. Dieses ihnen Gemeinsame vertritt die Stelle der Materie, ihnen das je Eigene und sie Unterscheidende die der Form. Er fügt dem hinzu, daß diese Welt, insofern sie eine Nachahmung jener [intelligiblen] ist, auch in ihrer Zusammensetzung dem Aufbau jener nachgebildet sei. Ferner würde jene Welt keine Ordnung haben, wenn sie keine Verschiedenheit hätte, und ohne Ordnung hätte sie weder Schönheit noch Zier, welche sämtlich von der Materie herrühren. Deshalb muß die höhere Welt nicht nur für ein unteilbares Ganzes gehalten werden, sondern auch – hinsichtlich einiger ihrer Bedingungen – für teilbar und unterschieden. Doch diese ihre Geteiltheit und Unterschiedenheit kann ohne zugrundeliegende Materie nicht gedacht werden. Und sollte man gegen mich einwenden, daß diese ganze Vielheit in einem unteilbaren Wesen, das ohne jede räumliche Ausdehnung ist, zusammenkomme, so würde ich dem entgegnen, daß ebendieses die Materie sei, in der so viele Formen sich miteinander vereinigen; denn bevor dieses [Wesen] als mannigfaltig und vielgestaltig vorgestellt wurde, war es in der Vorstellung einheitlich, und bevor es als geformt vorgestellt wurde, war es als formlos vorgestellt worden.
DICSONO. Ihr habt zwar in aller Kürze mit Euren Ausführungen viele und starke Gründe beigebracht, um zu dem Schluß zu kommen, daß die Materie *eine* sei, somit *eines* das Vermögen, durch das alles, was ist, in Wirklichkeit ist; und daß sie aus ebenso guten Gründen den unkörperlichen Substanzen wie den körperlichen zukomme, da jene nicht anders das Sein haben als durch das Seinkönnen und diese das Sein nur durch das Seinkönnen haben – was Ihr darüber hinaus auch noch

mit anderen zwingenden Gründen bekräftigt habt, die jeder, der sie eingehend studiert, anerkennen muß. Gleichwohl wünschte ich – wenn auch nicht zur Vervollkommnung Eurer Lehre, so doch zu ihrer Verdeutlichung –, daß Ihr noch auf andere Weise darlegtet, wie sich in den erhabensten Dingen, welche die unkörperlichen sind, Formloses oder Unbestimmtes finde; wie sodann Materie ebendort gedacht werden könne, ohne daß sie durch das Hinzutreten von Form und Wirklichkeit als Körper bezeichnet werden müßten; wie Ihr ferner dort, wo es weder Veränderung noch Entstehen oder Vergehen gibt, Materie annehmen könnt, obgleich sie doch niemals zu anderen Zwecken angenommen wird; wie wir schließlich sagen können, daß die intelligible Natur einfach sei und doch Materie und Wirklichkeit enthalte. Nach solchem frage ich nicht um meinetwillen – denn mir leuchtet die Wahrheit ein –, sondern zum womöglich besseren Verständnis anderer, die schwerfälliger und weniger geschickt sein mögen, wie zum Beispiel Magister Polihimnio und Gervasio.

POLIHIMNIO. *Cedo*. [Ich gebe es zu.]

GERVASIO. *Accepto* [Dem stimm' ich zu] und danke Euch, Dicsono, daß Ihr an die Notlage derer denkt, die nicht zu fragen wagen – wie es jenseits der Alpen die Höflichkeit bei Tische mit sich bringt, wo es denen, die an zweiter Stelle sitzen, nicht zusteht, ihre Finger über den eigenen Teller hinauszustrecken, sondern es sich geziemt abzuwarten, bis einem gereicht werde, damit niemand einen Bissen zu sich nehme, den er nicht mit seinem ›Danke schön‹ bezahlt hätte.

TEOFILO. Um all diese Probleme zu lösen, möchte ich betonen, daß – wie der Mensch gemäß seiner Natur als Mensch sich vom Löwen hinsichtlich dessen Natur als Löwe unterscheidet, jedoch beide im Sinn der ihnen gemeinsamen Natur als Lebewesen, als körperliche Substanz und dergleichen ununterschieden und dasselbe sind – so auch auf ähnliche Weise die Materie der körperlichen Dinge sich ihrer Bestimmung [*propria razione*] nach von jener der unkörperlichen Dinge unterscheidet. Alles somit, was Ihr dazu anführt, daß sie die konstitutive Ursache der körperlichen Natur sei sowie das Substrat der Veränderungen jedweder Art und Teil eines jeden Zusammengesetzten, kommt dieser Materie gemäß ihrer Bestimmung zu. Denn ebendiese Materie oder – um mich klarer auszudrücken – ebendas, was hervorgebracht werden kann oder sein kann, das ist entweder hervorgebracht worden und existiert vermittels der räumlichen Dimensionen und der Ausdehnung des Substrats sowie vermittels derjenigen Eigenschaften, die ihr Sein in der Quantität haben – ebendies heißt körperliche Substanz und setzt körperliche Materie voraus –, oder es ist hervorgebracht worden – sofern es sein Sein neu empfangen hat –, ist aber ohne jene räumlichen Dimensionen, jene Ausdehnung und jene Eigenschaften [der Quantität]: dies heißt dann unkörperliche Substanz und setzt eine dementsprechend benannte Materie voraus. So entspricht einem aktiven Vermögen körperlicher wie unkörperlicher Dinge – oder körperlichem wie unkörperlichem Sein – ein passives Vermögen, das ebenso körperlich wie unkörperlich ist, und ein Seinkönnen von sowohl körperlicher wie unkörperlicher Art. Wenn wir also von ›Zusammensetzung‹ hinsichtlich der Natur des Körperlichen wie des Unkörperlichen sprechen wollen, so müssen wir sie auf die eine wie auf die andere Weise verstehen und bedenken, daß man hinsichtlich der ewigen Dinge immer nur von *einer* Materie unter *einer* Wirklichkeitsform [*atto*] spricht, während sie hinsichtlich der veränderlichen Dinge immer bald die eine, bald die andere besitzt. In jenen hat die Materie auf einmal, immer und zugleich alles, was sie haben kann, und ist alles, was sie sein kann, in diesen hat sie es und ist sie es nur zu verschiedenen Malen, zu unterschiedlichen Zeiten und in bestimmter Abfolge.

Dicsono. Einige räumen zwar ein, daß es auch in den unkörperlichen Dingen Materie gebe, verstehen sie jedoch in einem ganz anderen Sinn.

TEOFILO. Mag der Unterschied auch noch so groß sein hinsichtlich der jeweiligen Bestimmung, derzufolge die eine [Materie] sich zu körperlichem Sein herabläßt und die andere nicht; die eine sinnlich wahrnehmbare Eigenschaften annimmt und die andere nicht; und mag auch jene Materie – der die Quantität widerstrebt sowie das Substrat-Sein für Eigenschaften, die ihr Sein in räumlicher Ausdehnung haben – anscheinend keine Bestimmung mit dieser hier gemein haben, der weder das eine noch das andere widerstrebt – so sind doch beide [Materien] ein und dasselbe, und der ganze Unterschied besteht, wie schon mehrmals gesagt, nur darin, daß die eine sich zu körperlichem Sein zusammenzieht, während die andere unkörperlich ist. So ist auch im Belebtsein alles Empfindende *eines*; verdichtet sich aber diese allgemeine Gattung zu bestimmten Arten, dann widerstrebt es dem Menschen, Löwe zu sein, und dem einen Tier widerstrebt es, das andere zu sein. Dem füge ich – so es dir beliebt – noch etwas hinzu; denn man könnte mir sonst einwenden, daß das, was niemals ist, eher für unmöglich und widernatürlich gehalten werden müsse als für natürlich und daß man daher – insofern sich jene Materie niemals räumlich ausgedehnt vorfindet – annehmen müsse, die Körperlichkeit sei mit ihrer Natur unverträglich; und daß es, wenn dem so ist, es nicht wahrscheinlich sei, daß beiden *eine* Natur zukomme, bevor die eine zu körperlichem Dasein zusammengezogen vorgestellt werde. Ich füge also hinzu, daß wir jener Materie sowohl die Notwendigkeit aller räumlich ausgedehnten Wirklichkeitsformen zuschreiben können als auch – nach Eurem Belieben – deren Unmöglichkeit. Da diese Materie in Wirklichkeit alles ist, was sie sein kann, hat sie alle Maße, alle Arten von Gestalten und Dimensionen; und weil sie alle besitzt, hat sie auch wieder keine; denn das, was so viel Verschiedenes zugleich ist, kann keines davon im besonderen sein. Dem, was alles ist, kommt es zu, jedes einzelne Sein auszuschließen.

DICSONO. Behauptet Ihr also, die Materie sei die Wirklich-

keit [*atto*]? Meint Ihr auch, die Materie in den unkörperlichen Dingen falle mit der Wirklichkeit zusammen?
TEOFILO. Ebenso wie das Seinkönnen mit dem Sein zusammenfällt.
DICSONO. Sie unterscheidet sich also nicht von der Form?
TEOFILO. Ganz und gar nicht; weder im absoluten Vermögen [*absoluta potenza*] noch in der absoluten Wirklichkeit [*atto absoluto*], die auf absolute Weise alles ist und daher in höchstem Grade Reinheit, Einfachheit, Unteilbarkeit und Einheit ist. Hätte sie nämlich eine bestimmte räumliche Ausdehnung, ein bestimmtes Dasein, eine bestimmte Gestalt, eine bestimmte Eigenheit und bestimmte Unterschiede, so würde sie weder absolut noch alles sein.
DICSONO. Also jegliches, das eine beliebige Gattung umfaßt, ist unteilbar[24]?
TEOFILO. So ist es; denn diejenige Form, die *alle* Eigenschaften umfaßt, ist selbst keine von ihnen; das, was *alle* Gestalten hat, hat selbst keine von ihnen; das, was *alles* sinnlich wahrnehmbare Sein enthält, ist dadurch nicht selbst sinnlich wahrnehmbar. In höherem Sinne unteilbar ist jenes, das alles natürliche Sein besitzt; in noch höherem Sinne ist es jenes, das alles geistige Sein in sich faßt; im höchsten Sinne jenes, das überhaupt alles Sein hat, das sein kann.
DICSONO. Wollt Ihr damit sagen, daß es analog zur Stufenleiter des Seins eine Stufenleiter des Seinkönnens gebe, und daß ebenso wie die formale Bestimmtheit [*raggione formale*] auch die materiale Bestimmtheit [*raggione materiale*] immer höher steige?
TEOFILO. In der Tat!
DICSONO. Euer Begriff von Materie und Vermögen entspringt einem ebenso tiefen wie hohen Denken.
TEOFILO. Gewiß.
DICSONO. Aber nicht alle werden diese Wahrheit begreifen können; denn es fällt zweifellos schwer, zu verstehen, wie etwas alle Arten von räumlicher Ausdehnung haben kann und dennoch keine von ihnen, alles formale Sein und doch kein Sein als Form.

TEOFILO. Versteht denn Ihr, wie das möglich ist?
DICSONO. Ich glaube, schon! Denn mir leuchtet ein, daß die Wirklichkeit nur dann alles sein kann, wenn sie nicht etwas Bestimmtes ist.
POLIHIMNIO. *Non potest esse idem totum et aliquid: ego quoque illud capio.* [Dasselbe kann nicht zugleich das Ganze und ein Einzelnes sein. Das begreife auch ich.]
TEOFILO. Also werdet Ihr in unserem Fall auch verstehen, daß es keiner Art von Materie widerstreiten würde, wenn wir die räumliche Ausdehnung als Wesensbestimmung der Materie zugrunde legten, insofern sich die eine Materie von der anderen allein dadurch unterschiede, daß die eine von räumlichen Abmessungen frei wäre, während die andere auf solche Abmessungen zusammengezogen wäre. Die von räumlichen Abmessungen freie Materie stünde über allen diesen und würde sie insgesamt umfassen, während die auf solche Abmessungen zusammengezogene Materie von einigen umfaßt würde und ihnen untergeordnet wäre.
DICSONO. Ihr sagt treffend, daß die Materie an sich keine bestimmten Ausdehnungen habe und daher als unteilbar aufzufassen sei, wohingegen sie die räumliche Ausdehnung erst gemäß der Art jener Form erhalte, die sie annehme. Ihre Ausdehnung ist unter der menschlichen Form eine andere als unter der des Pferdes und wieder eine andere unter der des Ölbaums oder unter der der Myrte. Bevor also die Materie eine jener Formen erhält, besitzt sie selbst die Fähigkeit zu all jenen Ausdehnungen, ebenso wie sie das Vermögen hat, all jene Formen anzunehmen.
POLIHIMNIO. *Dicunt tamen propterea, quod nullas habet dimensiones.* [Dennoch geht diesbezüglich die Rede, daß sie gar keine Ausdehnung habe.]
DICSONO. Und wir sagen, daß *ideo habet nullas, ut omnes habeat* [sie deshalb keine hat, damit sie alle haben kann].
GERVASIO. Aber warum ist es Euch lieber, daß sie alle einschließe, als daß sie alle ausschließe?
DICSONO. Weil sie die räumlichen Ausdehnungen nicht wie

von außen empfängt, sondern sie wie aus ihrem Schoß aus sich selbst entläßt.

TEOFILO. Das ist sehr gut gesagt und entspricht im übrigen auch der Redeweise der Peripatetiker, die allesamt lehren, daß die räumliche Wirklichkeit und alle natürlichen Formen aus dem Vermögen der Materie hervorgehen. Dies meint zum Teil auch Averroës[25], der – obzwar Araber und der griechischen Sprache unkundig – doch mehr von der peripatetischen Lehre verstand als irgendeiner der Griechen, die wir gelesen haben; und er hätte noch mehr verstanden, wenn er den Aristoteles nicht so abgöttisch verehrt hätte. So lehrt er, daß die Materie in ihrem Wesen eine unbegrenzte Zahl räumlicher Abmessungen enthalte, um damit anzudeuten, daß sie sich bald mit dieser, bald mit jener Gestalt und Abmessung begrenzt, je nachdem die Formen in der Natur wechseln. Diese Auffassung läßt erkennen, daß die Materie die Formen gleichsam aus sich selbst hervorbringt und sie nicht sozusagen von außen empfängt.

So dachte teilweise auch Plotin, das Haupt der [neu]platonischen Schule. Er unterscheidet nämlich zwischen einer Materie der höheren und einer der niederen Dinge und erklärt dann, daß *jene* alles miteinander sei und – da sie alles besitze – es folglich nichts gebe, in das sie sich verwandeln könne; *diese* dagegen werde durch einen gewissen Wechsel ihre Teile zu allem, indem sie bald dieses, bald jenes sei und sich dadurch stets in Ungleichheit, Veränderung und Bewegung befinde. So ist denn *jene* Materie niemals ohne Form, so wenig wie *diese*, wenn auch auf verschiedene Weise: die eine im Moment der Ewigkeit, die andere in den Momenten der Zeit; die eine auf einmal, die andere nacheinander; die eine in unentwickelter, die andere in entwickelter Weise; die eine in der Einheit, die andere in der Vielheit; die eine als alles und jedes, die andere als jedes für sich, als eines nach dem anderen.

DICSONO. Ihr wollt also nicht nur im Sinne Eurer eigenen Prinzipien, sondern darüber hinaus auch gemäß den Prinzipien anderer philosophischer Denkweisen zu dem Schluß

kommen, daß die Materie nicht jenes *prope nihil* [beinahe Nichts], jenes reine, bloße Vermögen [*potenza*] ohne Wirklichkeit [*atto*], ohne Kraft und ohne Vollendung sei.
TEOFILO. So ist es. Ich nenne sie zwar ›der Formen beraubt und frei davon‹, jedoch nicht so, wie das Eis ohne Wärme ist, oder der Abgrund ohne Licht, sondern so, wie die Schwangere noch ohne Kind ist, das sie erst gebären und von sich lösen wird; und so, wie auf dieser Halbkugel die Erde nachts ohne Licht ist, das sie aber durch ihre Umdrehung wiederzuerlangen vermag.
DICSONO. Da sieht man, wie auch in diesen niederen Dingen die Wirklichkeit [*atto*] – wenn auch nicht völlig, so doch weitgehend – mit dem Vermögen [*potenza*] zusammenfällt.
TEOFILO. Darüber zu befinden, überlasse ich Euch.
DICSONO. Und wenn dieses niedere Vermögen schließlich mit dem höheren eins würde, was dann?
TEOFILO. Urteilt selbst! Ihr könnt Euch von hier zwar nicht zum Begriff jenes höchsten und besten Prinzips erheben, das sich unserer Betrachtung entzieht, wohl aber zum Begriff der Weltseele, [um zu erkennen,] wie sie die Verwirklichung von allem, das Vermögen von allem und ganz in allem ist, so daß zuletzt – vorausgesetzt, es gebe unzählige Individuen – alles eines ist. Die Erkenntnis dieser Einheit ist Ziel und Zweck aller Philosophie und Naturbetrachtung. Dabei lassen wir die höchste Betrachtungsweise, die über die Natur hinausstrebt, jedoch für einen Ungläubigen unmöglich und nichtig ist, auf sich beruhen.
DICSONO. Das ist wahr, denn so hoch gelangt man nur mit Hilfe des übernatürlichen Lichts, nicht vermittels des natürlichen.
TEOFILO. Ohne übernatürliches Licht sind diejenigen, welche alles Seiende für Körper halten – ob für einen einfachen, wie den Äther, oder für zusammengesetzte, wie die Gestirne und dergleichen – und diejenigen, welche die Gottheit nicht

außerhalb, sondern innerhalb der unendlichen Welt und der unendlich vielen Dinge suchen.

DICSONO. Hierin allein scheint mir der gläubige Theologe von dem wahren Philosophen unterschieden.

TEOFILO. Das meine ich auch. Ich denke, Ihr habt meine Ausführungen verstanden.

DICSONO. Recht gut, wie ich glaube. Ich ziehe daher aus Euren Darlegungen den Schluß, daß – selbst wenn wir die Materie nicht über die natürlichen Dinge hinausreichen lassen und bei ihrer allgemein üblichen Definition stehenbleiben, wie sie die am meisten verbreitete Philosophie liefert – wir dennoch finden, daß sie einen höheren Rang einnimmt, als diese ihn ihr zugesteht. Denn sie begreift sie schließlich nur als Substrat der Formen und als für die Formen der Natur empfängliches Vermögen, und zwar ohne Namen, ohne Bestimmtheit, ohne irgendeine Begrenzung, weil ohne jede Aktualität [*attualità*]. Dies schien einigen Mönchen schwierig genug, die jene Lehre nicht etwa anklagen, sondern entschuldigen wollen und daher [von der Materie] behaupten, sie habe nur eine ›entitative‹[26] Wirklichkeit, das heißt eine solche, die sich von dem, was schlechterdings nicht existiert und keinerlei Dasein in der Natur hat, so wenig unterscheidet wie irgendeine Schimäre[27] oder sonst ein Fabelwesen; denn diese Materie hat schließlich das Sein und begnügt sich damit auch so, ohne eine bestimmte Art und Würde, die von der Aktualität abhängt, welche nicht vorhanden ist. Aber Ihr würdet wohl Aristoteles zur Rechenschaft ziehen und ihn fragen: »Warum, o Haupt der Peripatetiker, lehrst du lieber, daß die Materie keine Wirklichkeit besitze und folglich nichts sei, als daß sie alle Wirklichkeiten habe und daher alles sei, mögen diese ihr auch in verworrener oder verworrenster Weise zukommen, ganz wie es Euch gefällt? Bist du es nicht selbst, der immer von dem neu entstehenden Sein der Formen in der Materie oder von der Erzeugung der Dinge spricht und dabei behauptet, daß die Formen aus dem Inneren der Materie hervortreten und hinausstreben, und den man niemals sagen hörte, daß sie vermittels der Wirkursache von außen kämen, sondern, daß diese sie aus dem Inneren hervorruft? Ich will davon absehen, daß du die Wirkursache jener Dinge mit dem gemeinsamen Begriff der Natur bezeichnest und sie doch zu einem inneren und nicht zu einem äußeren Prinzip machst, wie es bei den künstlich hergestellten Dingen geschieht. Einerseits also, scheint mir, muß man sagen, daß die Materie weder eine Form noch irgendeine Wirklichkeit enthält, insofern sie diese nämlich von außen empfängt; andererseits scheint mir, muß man dem entgegenhalten, daß sie alle [Wirklichkeiten] enthält, insofern man nämlich behauptet, sie bringe sie alle aus ihrem Schoß hervor. Bist du nicht derjenige, welcher, zwar nicht von der Vernunft genötigt, so doch von dem Sprachgebrauch geleitet, bei der Definition der Materie diese vielmehr als das bestimmt, aus dem jede natürliche Art entspringe, als daß du sie jemals als etwas bezeichnet hättest, in das die Dinge hineinwüchsen, wie man doch sagen müßte, wenn die Wirklichkeiten nicht aus ihr hervorgingen und sie diese folglich auch nicht enthielte?«

POLIHIMNIO. *Certe consuevit dicere Aristoteles cum suis potius formas educi de potentia materiae, quam in illam induci; emergere potius ex ipsa, quam in ipsam ingeri* [Gewiß pflegten Aristoteles und seine Schüler zu sagen, die Formen würden eher aus dem Vermögen der Materie hervorgeholt als in diese hineingebracht, sie gingen eher aus der Materie hervor als in sie hinein]; ich aber möchte behaupten, daß es Aristoteles lieber war, die Entbindung der Form [aus der Materie] als ihre Einbindung [in die Materie] ›Wirklichkeit‹ [*atto*] zu nennen.

DICSONO. Und ich sage, daß das konkrete, wahrnehmbare und entwickelte Seiende nicht der wesentliche Grund für die Wirklichkeit ist, sondern nur die von ihm ausgehende Folge und Wirkung, wie zum Beispiel das zugrundeliegende Wesen des Holzes und der Grund für seine Wirklichkeit nicht darin bestehen, ein Bett zu sein, sondern darin, von solcher Substanz und Beschaffenheit zu sein, daß es Bett, Bank, Balken,

Götzenbild und jeder aus Holz gefertigte Gegenstand sein
kann. Dabei sehe ich davon ab, daß alles in der Natur Seiende
auf eine höhere Weise aus der Materie der Natur entsteht als
die künstlichen Dinge aus der Materie der Künste. Denn die
handwerklichen Künste gewinnen die Formen aus der Materie
entweder durch Wegnahme, wie wenn man aus einem
Steinblock eine Statue herausarbeitet, oder durch Hinzufügung,
wie wenn man ein Haus baut, indem man Stein auf
Stein setzt und Holz und Lehm hinzunimmt. Die Natur hingegen
schafft aus ihrer Materie alles durch Abtrennung,
Geburt und Ausströmung, wie es die Pythagoreer, Anaxagoras
und Demokrit auffaßten und die Weisen von Babylon es
bestätigten, denen sich hierin auch Moses anschloß. Dieser
schildert nämlich, wie die Entstehung des Seienden von der
universellen Wirkursache befohlen wurde, und gebraucht
dabei folgende Worte:[28] »Die Erde bringe die Tiere hervor«,
»das Wasser erschaffe lebendige Wesen«, wie um zu sagen:
»Die Materie bringe sie hervor!« Denn ihm zufolge ist das
materiale Prinzip des Seienden das Wasser; darum sagt er
auch, daß der bewirkende Intellekt – von ihm ›Geist‹
genannt – über den Wassern gebrütet habe,[29] um aus ihnen
die natürlichen Arten hervorgehen zu lassen, die er dann ihrer
Substanz nach allesamt ›Wasser‹ nennt. So erklärt er – über
die Scheidung der niederen von den höheren Körpern sprechend –,
der Geist habe die Wasser von den Wassern geschieden,
zwischen denen danach das Trockene erschienen sei.
Alle sind also der Ansicht, daß die Dinge durch Abtrennung
aus der Materie hervorgehen und nicht durch eine Hinzufügung
und Aufnahme. Also müßte man eher sagen, daß die
Materie die Formen enthält und in sich faßt, als daß man
meinen könnte, sie sei frei von ihnen und schließe sie aus. Da
sie also dasjenige entwickelt, was sie unentwickelt in sich
birgt, muß man die Materie als etwas Göttliches bezeichnen,
auch als gütigste Urmutter, Erzeugerin und Gebärerin der
natürlichen Dinge, ja als die ganze Natur selbst, soweit diese
Substanz ist. Lehrt und meint Ihr nicht dies, Teofilo?

TEOFILO. Gewiß.
DICSONO. Es nimmt mich doch wunder, daß unsere Peripatetiker den Vergleich mit der Kunst nicht fortgeführt haben; denn ihr gilt von den vielen Materien, die ihr bekannt sind und die sie bearbeitet, jene als die je bessere und wertvollere, die weniger dem Zerfall preisgegeben ist und dadurch länger besteht und aus der sich auch mehr Dinge herstellen lassen. So erachten sie Gold für edler als Holz, Stein und Eisen, da es weniger dem Zerfall ausgesetzt ist, und da alles, was aus Holz und Stein hergestellt werden kann, aber auch vieles andere – Bedeutenderes und Besseres – auch aus Gold gefertigt werden kann, seiner Schönheit, Beständigkeit, Formbarkeit und Herrlichkeit wegen. Was sollen wir nun von jener Materie sagen, aus der der Mensch und das Gold sowie alle natürlichen Dinge geschaffen werden? Muß sie nicht für wertvoller gelten als die der Künste und einen höheren Grad an Wirklichkeit besitzen? Warum, o Aristoteles, willst du nicht, daß dasjenige, was Fundament und Basis der Wirklichkeit ist – ich meine: des in Wirklichkeit Seienden, von dem du selbst sagst, es währe immer und ewig –, doch wirklicher ist als deine Formen und deine Entelechien, die kommen und gehen? Wenn du nämlich die Dauer auch für dieses Formprinzip begründen wolltest, ...
POLIHIMNIO. *Quia principia oportet sempre manere.* [Weil Prinzipien ewig bestehen müssen.]
DICSONO. ... ohne auf die phantastischen Ideen Platons[30] zurückgreifen zu können, die dir so widerstreben, so wärest du gezwungen und genötigt zu behaupten, daß die dauernde Wirklichkeit dieser spezifischen Formen entweder in der Macht der bewirkenden Ursache liege – doch das könntest du nicht sagen, da diese dir zufolge die Formen aus dem Vermögen der Materie hervorruft und heraustreibt – oder aber daß sie im Schoße der Materie ruhe, was du zwangsläufig sagen müßtest. Denn die Formen, die gleichsam nur an der Oberfläche der Materie erscheinen – von dir ›individuelle‹ und ›in Wirklichkeit seiende‹ genannt –, und zwar sowohl die ver-

gangenen wie die gegenwärtigen und zukünftigen, entspringen allesamt einem Prinzip und sind nicht selbst Prinzipien. (Und ich bin sicher, daß die partikuläre Form ebenso an der Oberfläche der Materie auftritt wie das Akzidens an der Oberfläche der zusammengesetzten Substanz. Daher muß die hervortretende Form im Verhältnis zur Materie einen gleichermaßen verminderten Grad an Wirklichkeit haben wie die akzidentelle Form im Verhältnis zur zusammengesetzten Substanz.)

TEOFILO. In der Tat stellt Aristoteles in Übereinstimmung mit allen antiken Philosophen die dürftige Behauptung auf, daß die Prinzipien von ewiger Dauer sein müßten; wenn wir jedoch in seiner Lehre danach suchen, wo die natürliche Form, die auf dem Rücken der Materie ein schwankendes Dasein führt, ihre ewige Dauer habe, dann finden wir sie weder in den Fixsternen – denn diese für uns wahrnehmbaren Einzelwesen steigen nicht von ihrer Höhe herab – noch in den von der Materie getrennten Zeichen der Ideen – denn diese sind zweifellos, wenn nicht Mißgeburten, so noch Schlimmeres, nämlich Hirngespinste und eitler Wahn. Was nun? »Sie liegen im Schoß der Materie.« Und weiter? »Sie ist die Quelle aller Wirklichkeit.« Soll ich Euch noch mehr sagen und Euch zeigen, in welche Absurdität Aristoteles geraten ist? Er lehrt, daß die Materie dem Vermögen nach existiere. Nun fragt ihn, wann sie in Wirklichkeit sein werde. Darauf wird die große Menge mit ihm antworten: »Wenn sie die Form hat.« Nun fahre fort und frage weiter: »Was ist denn das, was so zu neuem Sein gelangt?« Sie werden dann sich selbst zum Trotz antworten: »Das Zusammengesetzte und nicht die Materie; denn diese bleibt immer sie selbst, sie erneuert sich weder, noch verändert sie sich. Wie wir von den künstlichen Dingen, wenn zum Beispiel aus Holz eine Figur geschnitzt wird, sagen, das Holz erhalte ein neues Sein – denn es ist jetzt um nichts mehr oder weniger Holz als vorher –, sondern das, was Sein und Wirklichkeit erhält, ist das, was neu entsteht, das Zusammengesetzte, das heißt jene Figur.« Wie aber

Vierter Dialog 127

könnt Ihr dann Vermögen dem zuerkennen, was niemals in Wirklichkeit sein und niemals Wirklichkeit haben wird? Also besitzt die Materie nicht das Vermögen zu sein und ist auch nicht das, was sein kann, denn sie bleibt immer dieselbe und ist unveränderlich; nicht sie selbst unterliegt der Veränderung, sondern vielmehr das, was an ihr und in ihr ist. Gerade euch Peripatetikern zufolge ist doch das, was sich verändert, sich vermehrt oder vermindert, den Ort wechselt und zugrunde geht, nicht die Materie, sondern das Zusammengesetzte. Warum nennt ihr also die Materie einmal dem Vermögen nach, ein andermal der Wirklichkeit nach seiend? Gewiß darf niemand bezweifeln, daß sie weder durch das Empfangen noch durch das Hervorbringen von Formen ihrem Wesen und ihrer Substanz nach eine höhere oder niedrigere Wirklichkeit erhält und daß folglich kein Grund dafür besteht, sie nur dem Vermögen nach als seiend zu bezeichnen. Dies gilt vielmehr von dem, was an ihr in ständiger Bewegung ist, jedoch nicht von ihr selbst, die sich in ewiger Ruhe befindet und auch Ursache dieser Ruhe ist. Denn sofern die Form, ihrem fundamentalen und spezifischen Sein nach, ein einfaches und unveränderliches Wesen hat – nicht nur auf logische Weise im Begriff und im Bewußtsein, sondern auch auf physische Weise in der Natur –, so muß sie dem ewigen Vermögen der Materie innewohnen, das ein von der Wirklichkeit ununterschiedenes Vermögen ist, wie ich auf vielerlei Weise ausgeführt habe, sooft ich schon über das Vermögen gesprochen habe.

POLIHIMNIO. *Queso* [Ich bitt' Euch], sagt noch etwas über die Begierde der Materie, damit wir einen gewissen Streit zwischen mir und Gervasio entscheiden können.

GERVASIO. Tut es, Teofilo, darum bitt' auch ich; denn dieser hier hat mir ein Loch in den Bauch geredet mit seinem Vergleich zwischen Weib und Materie; daß nämlich das Weib so wenig genug an Männern habe wie die Materie an Formen, und dergleichen mehr.

TEOFILO. Da doch die Materie von den Formen nichts erhält,

warum, meint Ihr, sollte sie diese dann begehren? Wenn sie – wie wir gesagt haben – die Formen aus ihrem Schoß hervorbringt und sie folglich in sich birgt, wie meint Ihr, daß sie sie begehren könne? Es gelüstet sie nicht nach jenen Formen, die täglich auf ihrer Oberfläche wechseln; denn alles Geordnete verlangt nur nach dem, was zu seiner Vollendung beiträgt. Was aber kann ein Vergängliches einem Unvergänglichen geben, ein Unvollkommenes – wie die immer in Bewegung befindliche Form des sinnlich Wahrnehmbaren – einem so Vollkommenen, daß es bei angemessener Betrachtung als das Göttliche in den Dingen erscheint? Dies hat wohl David von Dinant[31] gemeint, den allerdings etliche in der Wiedergabe seiner Lehre mißverstanden haben. Sie begehrt sie auch nicht, um von ihr erhalten zu werden, denn das Vergängliche kann nicht das Ewige erhalten, zumal offenkundig die Materie es ist, welche die Form erhält. Daher muß eher eine solche Form nach der Materie verlangen um fortzubestehen, denn durch die Trennung von ihr verliert sie das Sein; anders die Materie, die all das besitzt, was sie schon hatte, bevor diese Form vorhanden war, und die auch andere haben kann. Dazu will ich nur anmerken, daß man ja auch – um die Ursache einer Zerstörung anzugeben – nicht sagt, die Form meide die Materie oder verlasse sie, sondern vielmehr, die Materie lege die eine Form ab, um die andere anzunehmen. Im übrigen haben wir nicht *mehr* Grund zu der Behauptung, die Materie verlange es nach Formen, als zu der entgegengesetzten, sie hasse sie (wobei ich diejenigen meine, die entstehen und vergehen; denn die Quelle der Formen kann nicht begehren, was in ihr selbst ist, da man nicht begehrt, was man schon besitzt). Und mit demselben Recht, mit dem man sagt, die Materie begehre, was sie jeweils hervorbringt oder aufnimmt, kann man – wenn sie es wieder losläßt und fortwirft – sagen, sie verabscheue es, ja sie verabscheue es noch viel stärker, als sie es begehre, da sie jene zählbare Form nur für kurze Zeit festgehalten hat und nun auf ewig verwirft. Wenn du also bedenkst, daß sie ebenso viele Formen annimmt, wie sie fortwirft, so

mußt du mir gleichermaßen die Behauptung gestatten, sie sei ihrer überdrüssig, wie ich dich sagen lasse, sie ersehne sie.
GERVASIO. Sieh da, wie die Schlösser des Polihimnio am Boden zerstört sind, und nicht nur die seinen!
POLIHIMNIO. *Parcius ista viris!* [Schonender tadelt die Männer!][32]
DICSONO. Für heute haben wir genug gelernt. Auf Wiedersehen, bis morgen!
TEOFILO. Lebt wohl denn!

Fünfter Dialog

Gesprächspartner: Teofilo, Dicsono, Gervasio, Polihimnio

TEOFILO. Das Universum also ist Eins, unendlich und unbeweglich. Eins, sage ich, ist die absolute Möglichkeit [*possibilità*], Eins die Wirklichkeit [*atto*], Eins die Form oder die Seele, Eins die Materie oder der Körper. Eins die Ur-Sache, Eins das Wesen, Eins das Größte und Beste, das – um nicht erkannt werden zu können – Unbegrenzbare und Unbeschränkbare und insofern Unbegrenzte und Unbeschränkte und folglich Unbewegliche. Dies bewegt sich nicht räumlich, weil es nichts außer sich hat, wohin es sich begeben könnte, da es ja selbst alles ist. Es entsteht nicht, weil es kein anderes Sein gibt, das es begehren oder ersehnen könnte, denn es hat schon selbst alles Sein. Es ist unvergänglich, weil es nichts anderes gibt, in das es sich verwandeln könnte, denn es ist schon selbst alles. Es kann weder zunehmen noch abnehmen, insofern es nämlich unendlich ist und ihm daher ebensowenig etwas hinzugefügt wie etwas hinweggenommen werden kann; denn das Unendliche hat keine in bestimmtem Verhältnis zueinander stehenden Teile. Es unterliegt keinem Wechsel der Beschaffenheit, denn es gibt nichts ihm Äußerliches, dessen Einwirkung es zu erleiden hätte und von dem es irgendwie affiziert werden könnte. Da es überdies alle Gegensätze in seinem Sein zu Einheit und Harmonie verbindet[1] und keine Neigung zu einem anderen und neuen Sein fassen kann oder zu einer anderen und neuen Seinsweise, so kann es auch weder einer Veränderung hinsichtlich irgendeiner Eigenschaft unterliegen, noch Gegensätzliches oder Verschiedenes haben, von dem es verändert würde; denn in ihm befindet sich alles miteinander im Einklang. Es ist nicht Materie, da es weder gestaltet noch gestaltbar ist, weder begrenzt ist noch begrenzbar. Es ist nicht Form, da es nichts anderes formt und gestaltet; denn es ist alles, ist das Größte, das Eine, das Universum. Es ist weder meßbar noch Maß. Es umfaßt sich nicht, da es nicht größer als es selbst ist; es wird nicht von sich umfaßt, denn es ist nicht kleiner als es selbst. Es läßt sich nicht vergleichen, denn es ist nicht eins und ein anderes, sondern ein und dasselbe.

Indem es ein und dasselbe ist, hat es nicht ein Sein und noch ein Sein, und weil es nicht ein Sein und noch ein Sein hat, hat es nicht Teile und wieder Teile, und weil es nicht Teile und wieder Teile hat, ist es nicht zusammengesetzt. Es ist Grenze auf solche Weise, daß es keine Grenze ist; es ist solchermaßen Form, daß es keine Form ist; es ist dergestalt Materie, daß es keine Materie ist, es ist derart Seele, daß es keine Seele ist; denn es ist alles ohne Unterschied, und deshalb ist es Eines: das Universum ist Eines. In ihm ist fürwahr die Höhe nicht größer als die Länge und Tiefe; daher wird es einer gewissen Ähnlichkeit wegen als Kugel bezeichnet, ohne jedoch eine Kugel zu sein.

Sind nämlich in der Kugel Länge, Breite und Tiefe dasselbe, weil sie dieselben Abmessungen haben, so sind im Universum Länge, Breite und Tiefe dasselbe, weil sie keine derartigen Abmessungen haben, sondern unendlich sind. Insofern diese weder Hälfte, Viertel noch sonst eine Maßeinheit haben, so gibt es hier überhaupt kein Maß, auch weder Bruchteile noch sonst überhaupt einen Teil, der von dem Ganzen verschieden wäre. Denn wer von einem Teil des Unendlichen sprechen will, muß denselben unendlich nennen; wenn dieser aber unendlich ist, so trifft er mit dem Ganzen in *einem* Sein zusammen: also ist das Universum Eines, ist unendlich und unteilbar. Und wenn sich im Unendlichen kein Unterschied findet zwischen Teil und Ganzem sowie zwischen dem einen und dem anderen, so ist gewiß das Unendliche Eines. Innerhalb des Umfangs des Unendlichen gibt es keinen größeren und keinen kleineren Teil, denn kein noch so großer Teil wie kein noch so kleiner vermag die Größenverhältnisse des Unendlichen zu erreichen, und daher besteht in der unendlichen Dauer kein Unterschied zwischen einer Stunde und einem Tag, zwischen einem Tag und einem Jahr, zwischen einem Jahr und einem Jahrhundert, so wenig wie zwischen einem Jahrhundert und einem Augenblick; denn die Augenblicke und die Stunden haben nicht mehr Sein als die Jahrhunderte, und jene stehen in keinem geringeren Verhältnis zur Ewigkeit als diese. Desgleichen besteht im Unermeßlichen kein Unterschied zwischen einer Spanne und einem Stadion, zwischen einem Stadion und einer Parasange[2]; denn die Größenverhältnisse des Unermeßlichen lassen sich so wenig in Parasangen wie in Spannen ausdrücken. Deshalb ist die Zahl unendlich vieler Stunden nicht größer als die unendlich vieler Jahrhunderte, und die Menge unendlich vieler Spannen ist nicht größer als die unendlich vieler Parasangen. An ein Größenverhältnis des Unendlichen, an eine Ähnlichkeit, eine Vereinigung oder Identität mit ihm reichst du als Mensch nicht *mehr* heran denn als Ameise, als Gestirn nicht *mehr* denn als Mensch; denn jenem Sein kommst du als Sonne oder Mond nicht näher denn als Mensch oder Ameise; und daher ist im Unendlichen dies alles ununterschieden. Was ich hier sage, meine ich auch in bezug auf alle Dinge, die ein gesondertes Dasein haben. Wenn nun all diese einzelnen Dinge im Unendlichen nicht eins und ein anderes sind, sich nicht voneinander unterscheiden und keine Arten bilden, so sind sie notwendigerweise auch ohne Zahl; also erweist sich abermals das Universum als das unbewegliche Eine.

Da dieses alles umfaßt und nicht erst ein Sein und dann ein anderes erfährt, auch weder mit ihm noch in ihm irgendeine Veränderung vorgeht, so ist es folglich alles, was es sein kann, und in ihm unterscheidet sich – wie ich neulich gesagt habe – der Aktus nicht von der Potenz. Wenn aber Potenz und Aktus nicht voneinander verschieden sind, so kann in ihm auch kein Unterschied zwischen dem Punkt, der Linie, der Fläche und dem Körper bestehen; und zwar ist die Linie dann insofern Fläche, als eine Linie, indem sie sich bewegt, Fläche sein kann, und die Fläche wird dann durch Bewegung zum Körper, insofern die Fläche sich bewegen und dadurch zum

Körper werden kann. Der Punkt ist also notwendigerweise im Unendlichen nicht vom Körper unterschieden; denn der Punkt wird, indem er seinem Punkt-Sein davonläuft, zur Linie, die ihrerseits, indem sie ihrem Linie-Sein enteilt, zur Fläche wird, die dann, indem sie ihrem Fläche-Sein entflieht, zum Körper wird. Da also der Punkt das Vermögen hat, zum Körper zu werden, unterscheidet er sich dort nicht vom Körper, wo Potenz und Aktus ein und dasselbe sind. Somit ist das Unteilbare nicht vom Teilbaren verschieden, das Einfachste nicht vom Unendlichen, der Mittelpunkt nicht vom Umkreis.

Weil also das Unendliche alles ist, was es sein kann, ist es unbeweglich; weil in ihm alles gleich ist, ist es Eines; und weil es alle Größe und Vollkommenheit besitzt, die sich überhaupt erreichen lassen, ist es als Unermeßliches das Größte und Beste.

Wenn sich nun der Punkt nicht vom Körper unterscheidet, der Mittelpunkt nicht von der Peripherie, das Endliche nicht vom Unendlichen, das Größte nicht vom Kleinsten, so können wir mit Gewißheit behaupten, daß das Universum ganz Mittelpunkt ist, oder daß der Mittelpunkt des Universums überall ist, und daß seine Peripherie, insofern sie sich vom Mittelpunkt unterscheidet, in keinem bestimmten Teil, sondern überall ist; ein Mittelpunkt nämlich, der von jener [Peripherie] verschieden wäre, findet sich nicht. Seht also, wie es nicht unmöglich, vielmehr sogar notwendig ist, daß das Beste, Größte, Unbegreifliche alles ist, überall ist und in allem ist, denn als Einfaches und Unteilbares kann es alles, überall und in allem sein. Und so ist es nicht aus der Luft gegriffen, wenn man gesagt hat, daß Jupiter alles Seiende erfüllt, in allen Teilen des Universums wohnt und der Mittelpunkt von allem ist, was Sein hat, als das Eine in allem und als der, durch den alles Eines ist. Indem er alles ist und alles Sein in sich faßt, bewirkt er, daß ein jegliches Ding in jeglichem Ding ist. Aber Ihr könntet nun fragen, warum die Dinge sich verändern, warum die Einzelmaterie unter dem Zwang steht, die Form zu wechseln. Darauf würde ich antworten, daß jegliche Veränderung nicht ein anderes Sein erstrebt, sondern nur eine andere Seinsweise. Und darin liegt der Unterschied zwischen dem Universum und den Dingen im Universum, daß jenes das ganze Sein und alle Seinsweisen umfaßt, während von diesen jedes das ganze Sein hat, aber nicht alle Seinsweisen; es kann nämlich nicht alle Eigenschaften und Akzidenzien in Wirklichkeit [actualmente] haben, denn viele Formen desselben Substrats sind miteinander unverträglich, weil sie entweder entgegengesetzt sind oder verschiedenen Arten zugehören, wie zum Beispiel dasselbe individuelle Substrat nicht zugleich den Akzidenzien des Pferdes und des Menschen zugrundeliegen kann, so wenig wie den Gestalten einer Pflanze und eines Tieres. Jenes [Universum] umfaßt alles Sein ganz, denn außerhalb oder jenseits des unendlichen Seins ist überhaupt nichts, da es kein Außerhalb und kein Jenseits hat, während von diesem [Einzelseienden] ein jegliches zwar das ganze Sein umfaßt, aber nicht vollständig, denn über jedes einzelne hinaus gibt es unendlich viele andere. Ihr versteht also, wie Alles in Allem ist, aber nicht vollständig und auf jegliche Weise in jedem einzelnen; und ihr versteht, wie jedes *ein* Seiendes ist, aber nicht auf dieselbe Weise. Darum geht nicht fehl, wer behauptet, das Sein, die Substanz und das Wesen seien Eines; insofern dieses unendlich und unbegrenzt ist, sowohl der Substanz und der Dauer wie der Größe und der Kraft nach, ist es hinsichtlich seines Wesens weder selbst Prinzip noch ein aus dem Prinzip Abgeleitetes; denn da alles Seiende in Einheit und Identität, das heißt in dasselbe Sein einmündet, erhält es die Qualität des Absoluten, nicht die des Relativen.

In dem einen Unendlichen und Unbeweglichen, das die Substanz oder das Sein ist, findet sich die Vielheit oder die Zahl; obgleich sie der Modus der Vielgestaltigkeit des Seins ist, welche Ding für Ding einzeln bezeichnet, macht sie das Sein nicht zu mehr als *Einem*, sondern nur zu einem Vielfältigen, Vielförmigen und Vielgestaltigen. Wenn wir also mit den

Naturphilosophen gründlich darüber nachdenken und die Logiker ihren Einbildungen überlassen, so finden wir, daß alles, was Unterschied und Zahl ausmacht, bloßes Akzidens, bloße Gestalt und bloße Beschaffenheit ist. Jede Hervorbringung, von welcher Art sie auch sei, ist eine Veränderung, während die Substanz immer dieselbe bleibt, weil sie nur Eine ist: das eine unsterbliche göttliche Wesen. Dies war Pythagoras fähig zu verstehen, der, statt den Tod zu fürchten, eine Verwandlung³ erwartet; dies zu verstehen, waren auch alle Philosophen imstande, die gemeinhin Naturphilosophen heißen und die gelehrt haben, daß der Substanz nach nichts entsteht oder vergeht, wenn man nicht auf diese Weise nur die Veränderung bezeichnen will. Ebenso hat dies Salomo⁴ verstanden, der da sagt, es gebe nichts Neues unter der Sonne, sondern das, was ist, sei schon vorher gewesen. Da seht Ihr also, wie alle Dinge im Universum sind und wie das Universum in allen Dingen ist, wir in ihm und es in uns, und so alles in eine vollkommene Einheit einmündet. Daher braucht sich unser Geist nicht zu beunruhigen, wie wir auch wegen nichts zu verzagen brauchen; denn diese Einheit ist einzig und beständig und dauert immerfort; dieses Eine ist ewig. Jedes Gesicht, jedes Äußere wie auch alles andere ist eitel und gleichsam nichts, ja alles ist nichts außer diesem Einen.

Jene Philosophen haben ihre Freundin – die Weisheit – gefunden, die diese Einheit erkannt haben; denn völlig dasselbe sind Weisheit, Wahrheit und Einheit. Das haben alle zu sagen vermocht, daß das Wahre, das Eine und das Sein ein und dasselbe sind, aber nicht alle haben dies auch verstanden, denn etliche haben nur die Worte übernommen, ohne damit – wie wahre Weise – ihren Sinn zu begreifen. Aristoteles unter anderen, dem das Eine verborgen blieb, hat auch das Sein und das Wahre nicht erkannt, denn er wußte nicht, daß das Sein Eines ist; und obwohl es ihm freistand, das Sein als ein Gemeinsames von Substanz und Akzidens aufzufassen und im weiteren seine Kategorien entsprechend der Vielheit der Gattungen und Arten durch ebenso viele Unterscheidungen gegeneinander abzusetzen, hat er es doch versäumt, tiefer in die Wahrheit einzudringen, weil er nicht bis zur Erkenntnis dieser Einheit und Unterschiedslosigkeit der unvergänglichen Natur oder des ewigen Seins gelangt ist, sondern wie ein platter Sophist[5] mit böswilligen Auslegungen und windigen Überredungskünsten die Lehren der Alten verdreht und sich der Wahrheit widersetzt hat, wohl nicht so sehr aus Mangel an Verstand, als vielmehr aus Mißgunst und Ehrgeiz.

DICSONO. Also ist diese Welt, dieses Sein, dieses Wahre, dieses Universum, dieses Unendliche und Unermeßliche in jedem seiner Teile ganz, so daß es das *ubique*[6] [die Allgegenwart] selbst ist. Was daher im Universum ist, ist hinsichtlich des Universums nach dem Maße seiner Fähigkeit überall, sei es auch in bezug auf die übrigen Einzeldinge, was es wolle; denn es ist über, unter, innerhalb, rechts, links und überhaupt an jeder Stelle des Raumes, weil im Unendlichen als Ganzem all diese Unterschiede sind wie auch keiner von ihnen. Was wir auch im Weltall betrachten: es enthält, was Alles in Allem ist, und umfaßt daher auf seine Weise die ganze Weltseele, wenn auch –wie schon gesagt – nicht vollständig, so doch als eine solche, die ganz in jedem beliebigen Teil des Universums ist. Da der Aktus *einer* ist und überall *ein* Sein bewirkt, so darf man annehmen, daß es in der Welt eine Vielheit von Substanzen und von dem gebe, was wahrhaft das Sein bildet. Darüber hinaus seht Ihr es – wie ich weiß – als unzweifelhaft an, daß jeder einzelne dieser unzähligen Weltkörper, die wir im Universum erblicken, darin nicht wie in einem ihn umschließenden Raum oder Zwischenraum an bestimmter Stelle schwebt,[7] sondern wie in einem [alles] Umfassenden, Erhaltenden, Bewegenden und Schaffenden, welches von jedem dieser Weltkörper ebenso ganz umfaßt wird wie die Weltseele von jedem seiner Teile. Wenn also ein einzelner Weltkörper – wie die Erde – sich auf einen anderen – wie die Sonne – zubewegt und ihn umkreist, so bewegt sich doch in bezug auf das Universum keiner auf dasselbe zu, noch um dasselbe, sondern in demselben.

Außerdem lehrt Ihr, daß – wie die Weltseele auch nach allgemein vertretener Auffassung in der gesamten großen Masse enthalten ist, der sie das Sein gibt, und doch zugleich unteilbar bleibt und insofern auf dieselbe Weise im Ganzen und in jedem beliebigen Teil ganz ist – so auch das Wesen des Universums Eines im Unendlichen ist und in jedem Ding, sofern man es als Glied von jenem betrachtet, so daß in der Tat das Ganze und alle seine Teile der Substanz nach Eines sind; daher habe es Parmenides[8] nicht unpassend das Eine, Unendliche und Unbewegliche genannt, sei es auch sonst mit seiner Lehre, wie es wolle, da sie aufgrund einer nicht allzu getreuen Überlieferung ungewiß ist. Ihr sagt, daß die Unterschiede, die man an den Körpern hinsichtlich ihrer Form, Beschaffenheit, Gestalt, Farbe und ihren sonstigen besonderen sowie gemeinsamen Eigenschaften wahrnimmt, nichts anderes sind als das wechselnde Antlitz ein und derselben Substanz: ein unstetes, bewegliches und vergängliches Antlitz des einen unbeweglichen, beständigen und ewigen Seins, in dem alle Formen, Gestalten und Glieder sind, aber noch ungeschieden und gleichsam zusammengeballt wie im Samen, in dem die Hand nicht vom Arm, der Kopf nicht von der Brust und die Sehne nicht vom Knochen geschieden ist. Diese Scheidung und Entwirrung erschafft jedoch keine andere, neue Substanz, sondern bewirkt die Verwirklichung und Vollendung bestimmter Eigenschaften, Unterschiede, Akzidenzien und Abstufungen jener einen Substanz.

Und was vom Samen in bezug auf die Gliedmaßen der Tiere gilt, läßt sich gleichermaßen von der Nahrung in bezug auf die Existenz von Speisebrei, Blut, Schleim, Fleisch und Samen sagen; dasselbe gilt auch von jedem anderen Ding, das der Existenz von Speise oder anderem vorausgeht, ebenso wie von allen Dingen überhaupt, indem man von der untersten Stufe der Natur bis zur höchsten emporsteigt und sich von der physischen Universalität, die von den Philosophen erkannt wird, zur Höhe jenes Urbildes erhebt, an das die Theologen glauben – so es dir recht ist –, bis man zu der ursprünglichen und universalen Substanz gelangt, die in allem dieselbe ist und als das Wesen, als das Fundament aller verschiedenen Gattungen und Formen bezeichnet wird. So gibt es in der Kunst des Holzschnitzers die eine Substanz des Holzes, die allen Maßen und Figuren zugrundeliegt, die jedoch selbst nicht Holz sind, sondern nur aus Holz, im Holz und am Holz bestehen. Alles mithin, was die Verschiedenheit von Gattungen und Arten, was Unterschiede und Besonderheiten ausmacht, alles, was mit Entstehen und Vergehen, mit Veränderung und Wandel einhergeht, ist weder Seiendes noch Sein, sondern Zustand und Bestimmung des Seienden und des Seins; dieses aber ist das Eine, das Unendliche und Unbewegliche, das Substrat, die Materie, das Leben, das Wahre und Gute. Weil das Seiende als unendliches unteilbar und völlig einheitlich ist, weil es als Aktus ganz im Ganzen und ganz in jedem Teil ist – so daß wir von Teilen *im* Unendlichen, nicht von Teilen *des* Unendlichen sprechen –, deshalb seid Ihr der Ansicht, daß wir auf keine Weise die Erde als einen Teil des Seienden auffassen können oder die Sonne als einen Teil der Substanz, da diese doch unteilbar ist; wohl aber sei es erlaubt, von der Substanz des Teils oder besser von der Substanz in dem Teil zu reden; so wie man nicht sagen kann, ein Teil der Seele sei im Arm, ein anderer im Kopf, sehr wohl aber, die Seele sei in jenem Teil, welcher der Kopf ist, oder sie sei die Substanz jenes Teils oder in jenem Teil, welcher ein Arm ist. Denn Begriffe wie ›Stück, Teil, Glied, alles, ebensoviel, größer, kleiner, wie dieses, wie jenes, von diesem, von jenem, übereinstimmend, verschieden‹ und anderes mehr bezeichnen nicht ein Absolutes und können sich daher nicht auf die Substanz, auf das Eine, auf das Seiende beziehen, sondern vermögen nur, mittels der Substanz *an* dem Einen und *an* dem Wesen als Modi, Bestimmungen und Formen zu sein; so wie es üblich ist, zu sagen, *an* der Substanz seien Quantität, Qualität, Relation, Wirken, Erleiden und andere Arten von Bestimmungen. Ebenso ist das eine höchste Seiende – in dem Potenz und Aktus ungeschieden sind und das alles im absoluten Sinne sein kann und auch alles ist, was es sein kann – auf unentwickelte Weise das Eine, Unermeßliche und Unendliche, das alles Sein umfaßt, während es auf entfaltete Weise in den sinnlich wahrnehmbaren Körpern ist und in der Trennung von Potenz und Aktus, die wir an ihnen erblicken. Deswegen lehrt Ihr, daß sowohl was hervorgebracht ist und selbst wieder etwas hervorbringt – sei dieses nun ein gleichartiges oder ein ungleichartiges Agens[9], wie es in der Sprache der auf gewöhnliche Art Philosophierenden heißt – als auch was der Hervorbringung zugrunde liegt, immer von derselben Substanz ist. Daher wird Euch der Lehrsatz des Heraklit[10] nicht übel in den Ohren klingen, der da besagt, daß alles Eines ist, welches vermöge der Veränderlichkeit alles enthält; und daß, weil ihm alle Formen innewohnen, ihm folglich auch alle Bestimmungen zukommen und insofern die sich widersprechenden Aussagen wahr sind. Und was die Vielheit der Dinge ausmache, sei nicht das Seiende, nicht das Ding an sich, sondern nur dasjenige, was erscheine, sich den Sinnen darstelle und an der Oberfläche der Dinge sei.

TEOFILO. So ist es. Doch außerdem möchte ich, daß Ihr noch mehr von den Kernsätzen dieser so bedeutenden Wissenschaft und dieses so festen Fundaments der Wahrheiten und Geheimnisse der Natur erfahrt. Zuerst also beachtet, daß es ein und dieselbe Stufenleiter ist, auf der die Natur bis zur Hervorbringung des Seienden herabsteigt und auf der die Vernunft zu dessen Erkenntnis emporsteigt, und daß sich beide von der Einheit zur Einheit begeben, indem sie dabei die Vielheit der Mittelglieder überwinden. Ich gehe nicht weiter darauf ein, daß die Peripatetiker und viele Platoniker in ihrer philosophischen Methode der Vielheit der Dinge als dem Mittelglied den reinsten Aktus auf der einen Seite und die reinste Potenz auf der anderen vorangehen lassen. Ähnlich wollen andere mittels einer Art Metapher die Dunkelheit und das Licht zur Erzeugung unzähliger Abstufungen von Formen, Bildern, Gestalten und Farben zusammenwirken las-

sen. Zu diesen, welche sich zu zwei Prinzipien oder zwei
Gebietern bekennen, stoßen andere, die – der Vielherrschaft
feindlich und überdrüssig – jene zwei zu *einem* zusammentreten lassen, welches zugleich Finsternis und Abgrund, Klarheit und Licht, tiefe, undurchdringliche Dunkelheit und
überirdisches, unerreichbares Licht ist. Zweitens bedenkt,
daß die Vernunft bei dem Versuch, sich von der mit ihr ver-
bundenen Einbildungskraft zu befreien und zu lösen, indem
sie mathematische und vorstellbare Figuren zu Hilfe nimmt,
um durch sie oder in Analogie zu ihnen das Sein und die
Substanz der Dinge zu verstehen, dadurch auch die Vielheit
und Verschiedenheit der Arten auf ein und dieselbe Wurzel
zurückführt. Ebenso erblickte Pythagoras, der die Zahlen zu
den spezifischen Prinzipien der Dinge erklärte, das Fundament und die Substanz von allem in der Einheit. Platon und
andere, welche die unvergänglichen Gattungen in den Formen ansetzten, nahmen als gemeinsamen Stamm und gemeinsame Wurzel von allem den Punkt an, als universale Substanz
und Gattung; und vielleicht sind Flächen und Gestalten das,
was Platon schließlich unter seinem Begriff des ›Großen‹ verstand, und Punkt und Atom, was er mit seinem Begriff des
›Kleinen‹[11] meinte, den beiden artenbildenden Prinzipien der
Dinge, die sich ihrerseits auf eins zurückführen lassen wie
jedes Teilbare auf das Unteilbare.
Diejenigen also, die lehren, daß das substantielle Prinzip die
Eins sei, setzen die Substanzen den Zahlen gleich; die anderen
hingegen, die das substantielle Prinzip als Punkt auffassen,
setzen die Substanzen den Figuren gleich; doch alle stimmen
darin überein, daß *ein* unteilbares Prinzip zugrunde legen.
Aber besser und klarer ist die Denkart Platons als die von
Pythagoras; denn die Einheit ist Ursache und Grund der
Unteilbarkeit und Punktualität und ein absoluteres und dem
universalen Sein angemesseneres Prinzip.
GERVASIO. Warum hat Platon – als der Spätere – es Pythagoras nicht gleichgetan oder ihn übertroffen?
TEOFILO. Weil er lieber im Ruf eines Meisters stehen wollte,

indem er eine nicht so gute Lehre auf weniger passende und angemessene Weise vortrug, als dadurch, daß er eine bessere Lehre auf bessere Weise vortrug, als Schüler angesehen zu werden. Ich will damit sagen, daß seine Philosophie eher seinem eigenen Ruhm als der Wahrheit galt. Ich kann nämlich nicht bezweifeln, daß es ihm sehr wohl bekannt gewesen sein muß, daß seine Methode mehr zur Betrachtung der körperlichen und als körperlich geltenden Dinge taugt und daß jene andere sich dazu ebenso gut eignet wie aber auch zum Studium all der anderen, welche Vernunft, Einbildungskraft, Verstand und die eine wie die andere Natur hervorbringen können.

Ein jeder wird zugeben, daß es Platon nicht verborgen geblieben sein kann, daß die Einheit und die Zahlen zur Untersuchung und Bestimmung von Punkt und Figuren notwendig sind und daß nicht etwa umgekehrt diese der Untersuchung und Bestimmung der Zahlen dienen; denn die ausgedehnte und körperliche Substanz hängt von der unkörperlichen und unteilbaren ab, während diese von jener unabhängig ist, da der Begriff der Zahl ohne den des Maßes gefaßt werden kann, aber der letztere nicht ohne den ersteren möglich ist, weil nämlich der Begriff des Maßes nicht ohne den der Zahl vorkommt. Daher ist die arithmetische Analogie und Proportion besser geeignet als die geometrische, um uns über das Mittelglied der Vielheit zur Betrachtung und Erkenntnis jenes unteilbaren Prinzips zu führen, das als die einzige und ursprüngliche Substanz aller Dinge unmöglich einen eindeutig bestimmten Namen und einen solchen Ausdruck führen kann, der ihre Bedeutung eher positiv als nur negativ fassen würde. Daher haben es die einen ›Punkt‹, die anderen ›Einheit‹ und wieder andere ›Unendliches‹ oder auf ähnliche verschiedene Weisen genannt. Dem hier Gesagten sei noch hinzugefügt, daß die Vernunft bei dem Versuch, das Wesen von etwas zu erkennen, so stark wie möglich vereinfacht, das heißt, sie zieht sich aus der Zusammensetzung und Vielheit zurück, indem sie die vergänglichen Akzidenzien, die räumliche Ausdehnung, die Zeichen und die Figuren auf das ihnen Zugrundeliegende zurückführt. So verstehen wir ein längeres Schriftstück oder eine weitläufige Rede erst, wenn wir sie in einer einfachen These zusammenfassen. Die Vernunft bezeugt damit offenkundig, daß die Substanz der Dinge, die sie entweder als unmittelbare Wahrheit oder im Gleichnis zu erkennen sucht, in der Einheit liegt. Glaube mir, derjenige wäre der gründlichste und vollkommenste Geometer, der alle in den *Elementen* des Euklid verstreuten Lehrsätze in einem einzigen zusammenfassen könnte, wie derjenige der vollkommenste Logiker wäre, dem es gelänge, alle Gedanken auf einen einzigen zurückzuführen. Somit gibt es eine Stufenleiter der Intelligenzen: Die niederen vermögen die Vielheit der Dinge nur mittels zahlreicher Gattungen, Analogien und Formen zu begreifen; die höheren verstehen [das Viele] besser mittels weniger; die höchsten verstehen es vollkommen mittels ganz weniger; die erste Intelligenz aber erfaßt in *einer* Idee das Ganze auf die vollkommenste Weise; der göttliche Geist und die absolute Einheit ist ohne jeden Gattungsbegriff zugleich das Erkennende und das Erkannte. Indem wir also zur vollkommenen Erkenntnis aufsteigen, vereinfachen wir die Vielheit; wie andererseits die Einheit, indem sie zur Hervorbringung der Dinge herabsteigt, sich vervielfacht. Das Herabsteigen erfolgt von *einem* Sein zu unendlich vielen Individuen und unzähligen Arten, der Aufstieg dagegen von diesen zu jenem. Um nun zum Schluß dieser zweiten Betrachtung zu kommen, weise ich darauf hin, daß wir im heftigen Bemühen um die Erkenntnis von Prinzip und Substanz des Seienden uns auf die Unteilbarkeit zubewegen und daß wir niemals glauben dürfen, das erste Seiende und die universelle Substanz erreicht zu haben, solange wir nicht bei jenem einen Unteilbaren angelangt sind, in dem alles enthalten ist. Insofern können wir nicht meinen, von der Substanz und dem Wesen mehr zu verstehen, als wir von der Unteilbarkeit zu erkennen vermögen. Daher führen die Peripatetiker und die Platoniker die unendliche Menge der Individuen auf *eine* unteilbare Ursache der vielen Arten zurück; sie ordnen dabei die unzähligen Arten bestimmten Gattungen unter – zuerst, bei Archytas[12], waren es zehn –, diese dann einem einzigen Seienden oder *einer* Ur-Sache; diese Sache und das Seiende wird von ihnen jedoch nur als Name und Bezeichnung, als bloß logischer Begriff und schließlich als reine Nichtigkeit aufgefaßt; denn sobald sie dann von Physischem handeln, ist ihnen ein Wirklichkeits- und Seinsprinzip alles Seienden im Sinne eines Begriffs und einer Bezeichnung, die allem, was sich denken und sagen läßt, gemeinsam wäre, unbekannt – was sicher an der Schwäche ihres Verstandes liegt.

Drittens mußt du wissen, daß wir genötigt sind – insofern die Substanz und das Sein von der Quantität geschieden und losgelöst ist und folglich das Maß und die Zahl selbst nicht Substanz, sondern nur *an* der Substanz sind, und nicht Sein, sondern nur *am* Sein sind – zu sagen, die Substanz sei ihrem Wesen nach ohne Zahl und Maß und daher als *eine* und unteilbare in allen Einzeldingen, die ihr Einzelsein der Zahl, das heißt einem an der Substanz Befindlichen, verdanken. Wer also Polihimnio als Polihimnio wahrnimmt, nimmt keine einzelne Substanz, sondern die Substanz im Einzelnen und in den Unterschieden wahr, die an ihr sind und durch die sie jenen Menschen in bezug auf Zahl und Vielheit unter eine Gattung bringt. Wie hier bestimmte menschliche Akzidenzien eine Vielfalt der sogenannten menschlichen Individuen bewirken, so bewirken bestimmte tierische Akzidenzien eine Vielfalt der Arten der Tierheit; ebenso stiften gewisse Akzidenzien des Lebendigen eine Vielfalt des Beseelten und Belebten, wie gewisse Akzidenzien des Körperlichen eine Vielfalt der Körperlichkeit. Desgleichen bewirken bestimmte Akzidenzien der Substantialität eine Vielfalt der Substanz und bestimmte Akzidenzien des Seins eine Vielfalt des Seienden, der Wahrheit, der Einheit, des Seins, des Wahren und Einen.

Viertens merke dir die Zeichnungen und die Verifikationen[13], mittels derer wir herleiten wollen, daß die Gegensätze in eins zusammenfallen, woraus es zuletzt nicht schwerfällt zu schließen, daß alles Eines ist; denn alle Zahlen – gerade wie ungerade, endliche wie unendliche – gehen auf die Einheit zurück, welche, in endlicher Reihe wiederholt, die Zahl ergibt, in unendlicher dagegen, die Zahl negiert. Die Zeichnungen kannst du der Mathematik entnehmen, die Verifikationen den moralischen und spekulativen Wissenschaften. Was nun die Zeichnungen betrifft, so sagt mir, was ist der geraden Linie unähnlicher als der Kreis, was dem Geraden entgegengesetzter als das Krumme? Und doch stimmen beide im Prinzip und im Kleinsten überein: Denn – wie der Cusaner, der Entdecker der schönsten Geheimnisse der Geometrie glänzend bemerkt hat – welchen Unterschied könntest du zwischen dem kleinsten Kreisbogen und der kürzesten Sehne finden? Sodann im Größten: Welchen Unterschied könntest du zwischen dem unendlich großen Kreis und der geraden Linie feststellen? Seht Ihr nicht, wie der Kreis, je größer er wird, sich desto mehr mit seinem Bogen der Geradlinigkeit annähert? Wer ist so blind, nicht zu sehen, daß der Bogen BB, weil größer als der Bogen AA, und der Bogen CC, weil größer als der Bogen BB, sowie der Bogen DD, weil größer als die drei anderen, Teile von immer größeren Kreisen sind und sich dadurch mehr und mehr der Geradlinigkeit des unendlichen Bogens des mit IK bezeichneten unendlichen Kreises annähern? Hier muß man doch gewiß sagen und davon überzeugt sein, daß jener Bogen, je länger er wird, infolge seiner zunehmenden Größe auch um so gerader wird und daß daher der größte von allen im Superlativ der geradeste von allen sein muß und folglich zuletzt die unendlich gerade Linie zum unendlichen Kreis wird. Ihr seht also, wie nicht nur das Größte und das Kleinste in *einem* Sein zusammenfallen – wie wir mehrmals gezeigt haben –, sondern auch daß im Größten und im Kleinsten die Gegensätze unterschiedslos und eins werden. So es dir recht ist, vergleichen wir darüber hinaus noch die endlichen Figuren mit dem Dreieck, denn vom

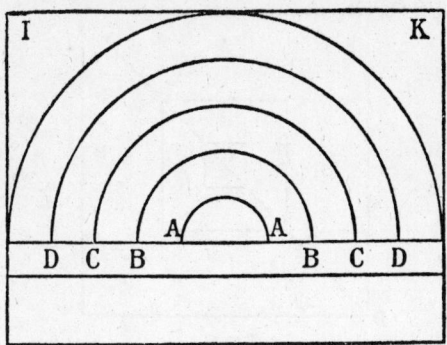

Fig. 1

ersten Endlichen und Begrenzten ausgehend lassen sich alle übrigen endlichen Dinge dergestalt verstehen, daß sie gemäß einer gewissen Analogie am Endlichsein und Begrenztsein teilhaben (so erhalten in allen Gattungen sämtliche analogen Prädikate Rang und Bedeutung vom ersten und größten [Prädikat] der jeweiligen Gattung). In dieser Hinsicht ist das Dreieck die erste Figur, die sich nicht in eine noch einfacher geformte Figur auflösen läßt – während sich das Viereck in Dreiecke aufteilen läßt –, und daher ist es erstes Fundament jedes begrenzten und gestalteten Dings. Auch kannst du feststellen, daß das Dreieck, so wenig es sich auf eine andere Figur zurückführen läßt, nicht in Dreiecke übergehen kann, in denen die Summe der drei Winkel größer oder kleiner wäre, mögen jene auch noch so mannigfaltig und verschieden sein, von so mannigfaltiger und verschiedener Form und hinsichtlich ihrer größeren oder kleineren, ihrer größten und kleinsten Fläche. Und wenn du dir ein unendliches Dreieck vorstellst – ich meine dies nicht in einem wirklichen und absoluten Sinne, denn das Unendliche hat keine Gestalt, sondern nur als Hypothese und soweit ein Winkel es uns ermöglicht,

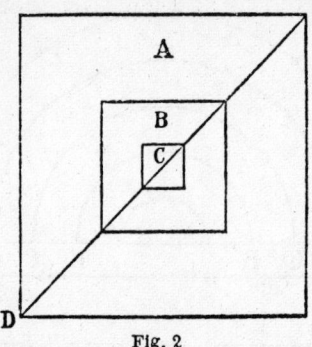

Fig. 2

das zu zeigen, was wir beabsichtigen –, so hat jenes keine größere Winkelsumme als das kleinste endliche Dreieck, nicht nur [keine größere] als die mittelgroßen oder ein anderes größtes. Verlassen wir nun den Vergleich von Figuren mit Figuren, ich meine von Dreiecken mit Dreiecken, und wenden uns dem von Winkeln mit Winkeln zu, so sind alle – wie groß oder klein auch immer – einander gleich. Dies zeigt das abgebildete Quadrat, das durch die Diagonale [D] in mehrere Dreiecke geteilt wird, woraus man ersieht, daß nicht nur die rechten Winkel der drei Quadrate A, B und C einander gleich sind, sondern auch alle spitzen Winkel, die aus der Teilung durch die genannte Diagonale entstehen, welche doppelt so viele Dreiecke mit lauter gleichen Winkeln bildet.

Dieser Vergleich zeigt ganz deutlich, wie die eine unendliche Substanz in allen Einzeldingen ganz sein kann, wenn auch in dem einen auf endliche, in dem anderen auf unendliche Weise, in diesem in geringerem, in jenem in größerem Maße. Um darüber hinaus zu erkennen, daß in diesem Einen und Unendlichen die Gegensätze zusammenfallen, nimm noch hinzu, daß der spitze und der stumpfe Winkel einen Gegensatz bilden: Siehst du nicht, wie sie aus ein und demselben unteilbaren Prinzip entstehen, das heißt aus einer Neigung

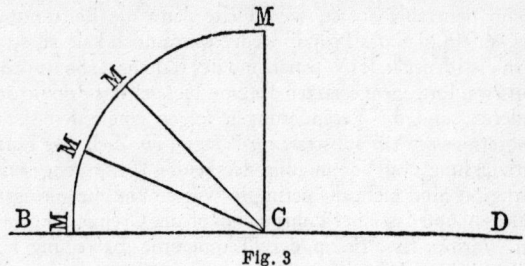

Fig. 3

der senkrechten Linie M, welche die waagrechte Linie BD im Punkt C schneidet? Dreht sich diese um jenen Punkt [C] mit einer einfachen Neigung auf den Punkt B[14] zu, nachdem sie zwei unterschiedslose rechte Winkel gebildet hat, so wird der Unterschied zwischen dem spitzen und dem stumpfen Winkel um so größer, je mehr sie sich dem Punkt B nähert; hat sie ihn aber erreicht und ist mit ihm vereint, so bewirkt sie die Unterschiedslosigkeit von spitzem und stumpfem Winkel, indem gleichermaßen der eine wie der andere verschwindet, da sie beide in dem Vermögen ein und derselben Linie eins sind. Wie nun jene [Linie MC] sich mit der Linie BD hat vereinen können, ohne daß noch ein Unterschied besteht, so kann sie sich auch von ihr trennen und unterscheiden, indem sie aus demselben einen und unteilbaren Prinzip die entgegengesetztesten Winkel entstehen läßt, nämlich den am meisten spitzen und den am meisten stumpfen bis zu dem am wenigsten spitzen und dem am wenigsten stumpfen und darüber hinaus bis zur Unterschiedslosigkeit im rechten Winkel und zur Übereinstimmung, die im Zusammentreffen der Senkrechten mit der Waagrechten besteht.

Was nun die Verifikationen angeht: wer wüßte zunächst nicht, daß – als eine der ersten aktiven Qualitäten der körperlichen Natur – das Prinzip der Wärme unteilbar und daher von jeder einzelnen Wärme geschieden ist, da doch das Prinzip nicht eines der von ihm abgeleiteten Dinge sein darf?

Wenn dem aber so ist, wer dürfte dann die Behauptung bezweifeln, daß das Prinzip weder warm noch kalt ist, sondern die Identität des Warmen und des Kalten ist? So ist denn von zwei Entgegengesetzten das eine zugleich das Prinzip des anderen, und die Veränderungen folgen einem Kreislauf, insofern es nur *ein* Substrat, *ein* Prinzip, *ein* Ziel, *eine* Fortentwicklung und Vereinigung der beiden [Entgegengesetzten] gibt. Sind nicht die geringste Wärme und die geringste Kälte ein und dasselbe? Führt nicht von der Grenze der größten Wärme das Prinzip der [Temperatur-]Bewegung zur Kälte hin? Somit ist offenkundig, daß bisweilen nicht nur die beiden Maxima in ihrer Entgegensetzung und die beiden Minima in ihrem Zusammentreffen, sondern auch jeweils das Maximum und das Minimum im Wechsel der Veränderungen zusammenfallen. Daher ist es nicht unbegründet, wenn die Ärzte auch bei bester Gesundheit mißtrauisch zu sein pflegen und die Vorsichtigen auf der Höhe des Glücks besonders ängstlich sind. Wer sieht nicht, daß Entstehen und Vergehen *ein* Prinzip haben? Ist das Ende des Vergangenen nicht der Anfang des neu Entstandenen? Sagen wir nicht zugleich, wenn jenes geschwunden und dieses erschienen ist: »Jenes war, dieses ist«? Gewiß erkennen wir – so wir es recht bedenken –, daß das Vergehen nichts anderes als ein Entstehen ist und das Entstehen nichts anderes als ein Vergehen. So ist letztlich Liebe eine Form des Hasses und Haß eine Form von Liebe. Der Haß auf das Entgegengesetzte ist die Liebe zum Gleichartigen; die Liebe zu diesem ist der Haß auf jenes. Ihrer Substanz und ihrem Ursprung nach sind also Liebe und Haß, Freundschaft und Feindschaft ein und dasselbe. Woraus gewinnt der Arzt das Gegengift leichter als das Gift? Was liefert besseren Theriak[15] als die Viper? Die stärksten Gifte enthalten die besten Heilmittel. Wohnt nicht *ein* Vermögen in zwei einander entgegengesetzten Dingen? Woher nun, glaubst du, mag dies kommen, wenn nicht davon, daß das Prinzip des Seins jener beiden Dinge ebenso eins ist, wie das Prinzip ihrer Erkenntnis eins ist, und daß die Gegensätze

ebenso *einem* Substrat anhaften, wie sie von ein und demselben Sinn wahrgenommen werden? Ganz zu schweigen davon, daß das Kugelförmige in der Ebene zur Ruhe kommt, das Konvexe sich in das Konkave schmiegt, der Aufbrausende die Gesellschaft des Sanftmütigen sucht, der Hochmütige am liebsten mit Demütigen verkehrt und der Geizige mit Freigebigen.
Wer also die tiefsten Geheimnisse der Natur ergründen will, beobachte und betrachte die Minima und die Maxima des Entgegengesetzten und Widerstreitenden. Es ist eine tiefe Magie, das Entgegengesetzte hervorrufen zu können, wenn man einmal den Punkt der Vereinigung gefunden hat. Darauf war zwar das Denken des armseligen Aristoteles gerichtet, als er die Privation[16], die mit einer bestimmten Anlage verbunden ist, zur Schöpferin, Urmutter und Gebärerin der Form erklärte, doch sein Ziel vermochte er nicht zu erreichen; und zwar deshalb nicht, weil er bei der Gattung des Widerspruchs haltmachte, welche ihn so gefesselt hielt, daß er nicht bis zur Art der Gegensätzlichkeit herabstieg und somit weder das Ziel erreichte noch es überhaupt ins Auge faßte; statt dessen hat er einen völlig falschen Weg eingeschlagen, indem er behauptete, Entgegengesetztes könne in Wirklichkeit nicht an ein und demselben Substrat zusammen auftreten.
POLIHIMNIO. In erhabener, erlesener und einzigartiger Weise habt Ihr über das Ganze, das Maximum, das Sein, das Prinzip und das Eine doziert. Aber ich möchte Euch auch die Unterschiede in der Einheit definieren sehen, heißt es doch – wie ich weiß – *Vae soli* [Es ist nicht gut, allein zu sein]![17] Überdies ist mir himmelangst, da mein Geldbeutel nur einen verwaisten Groschen beherbergt.
TEOFILO. Diejenige Einheit ist alles, die selbst nicht entfaltet ist und sich weder zahlenmäßig aufteilen noch unterscheiden läßt und die daher auch kein Einzelsein [*singolarità*] annimmt, wie du es vielleicht verstehen würdest, sondern sie ist allumfangend und allumfassend.

Fünfter Dialog

POLIHIMNIO. *Exemplum*? [Und ein Beispiel?] Denn – um die Wahrheit zu sagen – ich höre wohl, doch begreife nichts.

TEOFILO. Wie [außer der Eins] der Zehner gleichfalls eine Einheit, jedoch eine umfassende, ist, so ist auch der Hunderter eine Einheit, aber eine umfassendere, und genauso wie die beiden anderen bildet der Tausender eine Einheit, doch eine noch viel umfassendere. Was ich Euch hier anhand der Arithmetik erklärt habe, müßt Ihr nun in einem höheren und allgemeineren Sinn auf alle Dinge übertragen. Das höchste Gut, das höchst Erstrebenswerte, die höchste Vollkommenheit und höchste Glückseligkeit besteht in dem Einen, das alles umfaßt. Wir erfreuen uns an der Farbe, aber nicht an einer entfalteten, welche auch immer es sei, sondern am meisten an einer solchen, die alle Farben umfaßt. Wir erfreuen uns am Klang, aber nicht an einem vereinzelten, sondern an einem umfassenden, der aus der Harmonie mehrerer Töne entsteht. Wir erfreuen uns an einem sinnlich Erfahrbaren, doch am meisten an dem, welches alles sinnlich Erfahrbare zusammenfaßt; an einer Erkenntnis, die alle Erkenntnisse zusammenfaßt; an einer Wahrnehmung, die sich auf alles erstreckt, was sich wahrnehmen läßt; an einem Sein, das alles erfüllt; und am meisten an dem, welches das Ganze selbst ist. So würdest auch du, Polihimnio, dich mehr an *einem* Edelstein erfreuen, der so kostbar wäre, daß er alles Gold der Welt wert wäre, als an vielen Tausenden solcher Groschen, wie du einen in deiner Börse hast.

POLIHIMNIO. *Optime.* [Sehr gut!]

GERVASIO. So bin ich nun ein Gelehrter; denn wie derjenige nichts weiß, der nicht um das Eine weiß, so versteht alles, wer wahrhaft das Eine versteht; und wer sich der Erkenntnis des Einen nähert, kommt auch der Erkenntnis von allem näher.

DICSONO. So geh' auch ich – soweit ich die Betrachtungen Teofilos, des getreuen Vermittlers der Philosophie des Nolaners, recht verstanden habe – um vieles bereichert von dannen.

TEOFILO. Gelobt seien die Götter, und gerühmt von allen Lebenden sei das Unendliche, das Einfachste, Einheitlichste, Erhabenste und Absoluteste: die Ursache, das Prinzip und das Eine!

Ende der fünf Dialoge
über die Ursache, das Prinzip und das Eine.

Anmerkungen

Die vorliegende Übersetzung folgt der von G. Aquilecchia besorgten kritischen Ausgabe: Giordano Bruno, *De la causa, principio et uno*, Torino: Einaudi, 1973.

Einleitungsschreiben

1 Auf dem Titelblatt der Erstausgabe (s. Faksimile S. 3) wurde statt des tatsächlichen Druckorts London »Venetia« (Venedig) angegeben, wohl um der zur Zeit der Renaissance verbreiteten Vorliebe für alles Italienische – absatzsteigernd – entgegenzukommen.
2 Michel de Castelnau (1520–92), französischer Botschafter in London, der Bruno in sein Haus aufnahm und als Gönner und Förderer des Nolaners diesem die Abfassung der bedeutenden sechs ›italienischen Dialoge‹ ermöglichte (1583–85).
3 Elisabeth I., Königin von England, in deren Regierungszeit (1558–1603) Brunos Londoner Aufenthalt fiel.
4 Anspielung auf »Gutta cavat lapidem« (»Der Tropfen höhlt den Stein«) aus Ovid, *Ex Ponto* IV 10,5.
5 Der erste Dialog wurde offensichtlich erst nachträglich den folgenden vier vorangestellt: Es finden sich nicht nur andere Personen zusammen, denen sogar die weiteren Dialoge schon bekannt sind, auch die Zählung der Dialoge kann sich in den Inhaltsangaben um eine Stelle verschieben; dies wurde – um Mißverständnisse zu vermeiden – in der Übersetzung entsprechend korrigiert.
6 *Das Aschermittwochsmahl* (1584), der erste der ›italienischen Dialoge‹, entfaltet Brunos kopernikanische Kosmologie in Verbindung mit einer herben Satire der englischen Zustände im allgemeinen und der scholastischen Oxforder Gelehrtenzunft im besonderen, was allseits helle Empörung hervorrief.
7 Vgl. Anm. 5.
8 Vgl. Anm. 5.
9 Sinngemäß ergänzt die italienische Ausgabe: »et al suggetto della intelligibilità«.
10 prope nihil (lat.): beinahe ein Nichts.
11 Stadion: antikes Längenmaß; das olympische Stadion betrug 192 m.
12 Parasange: altes persisches Längenmaß von etwa 5000 m.

13 ubique (lat.): wörtl. ›überall‹, hier wie bei Nikolaus Cusanus ›die Allgegenwart‹; vgl. Anm. V 1.
14 Titan: gemeint ist der nach der griechischen Sage dem alten Titanengeschlecht entsprossene Sonnengott Helios, der als jugendlicher Lenker des Sonnenwagens dargestellt wurde. Bruno identifiziert ihn mit seinem Überwinder Zeus (griech.) / Jupiter (röm.), der mit der Titanide Mnemosyne die neun Musen zeugte.
15 Aurora (röm.): griech. Eos, Schwester des Helios und Göttin der Morgenröte.
16 Vgl. Anm. 14.
17 Lethe (griech.): Fluß der Unterwelt, aus dem die Seelen der Verstorbenen Vergessenheit aller schmerzlichen Erinnerung tranken.
18 Olymp: fast 3000 m hoch aufragendes Gebirge in Thessalien (Griechenland); galt als heiliger Wohnsitz der Götter unter der Oberhoheit des Zeus/Jupiter.
19 Vgl. Anm. 18.
20 Hades (griech.): Name der Unterwelt.
21 Acheron (griech.): Grenzfluß der Unterwelt.
22 Als Gottheit der Zeit ist hier der in der griechischen Mythologie seine Kinder verschlingende Kronos angesprochen, der als Greis mit einer Sense oder Sichel in der Hand abgebildet wurde.
23 Dieses und das folgende Sonett hat Bruno in den 1585 erschienenen Dialog *De gli eroici furori* (*Über die heroischen Leidenschaften*) übernommen, in dem er auf die Liebe als einer philosophischen Methode der Erkenntnis des Idealen zu sprechen kommt. Vgl. auch Platons Begriff des Eros im *Gastmahl* 202e.

I. Dialog

1 Diesen ersten Dialog hat Bruno zur Verteidigung seines zuletzt erschienenen Werks, *Das Aschermittwochsmahl* (1584), vorangestellt: als eher satirisch denn philosophisch ausgefallenen Vorspann, dessen Redner anschließend nicht mehr auftreten – bis auf Filoteo, der als Teofilo wiederkehrt und mit dessen Namen (›Gottesfreund‹) Bruno sich selbst benennt. – Der Wechsel der verschiedenen Anredeformen folgt dem Original.
2 Der Dialog beginnt mit der von Bruno gern benutzten Lichtmetaphorik eines sich von ›dunklen‹ Vorurteilen befreienden Denkens. Vgl. auch Platons Höhlengleichnis in *Der Staat* VII 514 f.
3 Alecto: eine der drei Erinnyen in der griechischen Mythologie, die

als Rachegeister flüchtige Verbrecher verfolgen und in den Tod oder zum Wahnsinn treiben.
4 Silen: nach der griechischen Sage trunkener Greis, der im Gefolge des Weingottes Dionysos (röm. Bacchus) auf einem Esel reitend dargestellt wurde. Dieser Esel des Silen soll im Krieg der olympischen Götter mit den Giganten die letzteren durch sein ihnen unbekanntes Geschrei in die Flucht gejagt haben.
5 Bileam: mesopotamischer Prophet, der nach dem Bericht der Bibel (4. Mose 22,23 ff.) auszog, um die Israeliten zu verfluchen, aber von seiner Eselin, der ein Engel erschienen war, veranlaßt wurde, seinen Sinn zu ändern und die Israeliten zu segnen.
6 Bacchus (röm.): griech. Dionysos, Gott des Weines.
7 Parnaß: Gebirgsmassiv in Mittelgriechenland nahe Delphi; galt als Sitz der Musen.
8 Phöbus: bei den Griechen auch Apollo genannt, war der Sonnengott, der Gott der Dichtkunst, der Weissagekunst und Arzneikunde.
9 Sybille: in der Antike griechischer Name für Frauen, die von Begeisterung ergriffen, geweissagt haben; deren berühmteste soll im mittelitalienischen Cumae ansässig gewesen sein.
10 Kassandra: in Troja heimische Seherin, Tochter des Priamos, deren unheilvollen Weissagungen niemand Glauben schenken wollte.
11 delphisches Orakel: bei dem altgriechischen Delphi gelegene Orakelstätte des Gottes Apollo; dort saß auf einem Dreifuß die Priesterin Pythia über einer dampfenden Erdspalte und weissagte in schwerverständlichen Worten, die von ihren Priestern ausgelegt wurden.
12 Ödipus: von ihm erzählt die griechische Sage, daß er seine Vaterstadt Theben von der Belagerung durch ein menschenfressendes Ungeheuer – die Sphinx – befreit habe, indem er das von ihr aufgegebene Rätsel löste.
13 Salomo: König des alten Israel (um 950 v. Chr.), Sohn Davids und Erbauer des salomonischen Tempels in Jerusalem, empfing – wie die Bibel berichtet (2. Chr. 9,1 ff.) – den Besuch der Königin von Saba, die seine Weisheit durch Rätsel prüfte.
14 Kalchas: Seher, der den gegen Troja ziehenden Griechen geweissagt haben soll, daß die Stadt erst nach neunjähriger Belagerung fallen werde.
15 Merlin: Zauberer und Prophet der mittelalterlichen Sagenliteratur des Artus-Kreises.

16 Trophonios hatte im alten Griechenland das von ihm erbaute Schatzhaus eines Königs von Böotien beraubt und war auf der Flucht in eine Erdspalte gestürzt. Dort entstand in der Tiefe ein dem Zeus geweihtes Orakel, das jeden, der es aufsuchte, düster und schwermütig stimmte.
17 Pan, Vertumnus, Faun, Priapus: griech. und röm. Hirten- und Hausgötter.
18 Quintessenz: ›die fünfte Wesenheit‹, von Aristoteles ›Äther‹ genannt und den vier Elementen des Empedokles – Erde, Wasser, Luft, Feuer – als edelstes übergeordnet.
19 San Sparagorio: wahrscheinlich der als Ritter dargestellte Sankt Paragorius von Noli, wo sich Bruno vorübergehend aufgehalten hatte.
20 *Aschermittwochsmahl*: vgl. Anm. I 1.
21 Smith, Prudenzio, Frulla: drei der Gesprächspartner des *Aschermittwochsmahls*; Prudenzio ist der sich gelehrt gebende Pedant, Frulla der philosophische interessierte Weltmann; in den vorliegenden Dialogen entsprechen ihnen Polihimnio und Gervasio.
22 Xanthippe: die sprichwörtlich zänkische und launenhafte Gattin des mit philosophischem Gleichmut gewappneten Sokrates.
23 Vulkan (röm.): griech. Hephaistos, der Schmied unter den olympischen Göttern; Gemahl der Aphrodite.
24 Anspielung auf die später erörterte Theorie der *coincidentia oppositorum* (›Zusammenfall der Gegensätze‹), vgl. Anm. V 1.
25 Vergil, *Eklogen* I 67.
26 Gemeint ist die seit dem Mittelalter berühmte Universität Oxford.
27 Mt. 22,21.
28 Carlin: neapolitanisches Geldstück.
29 Tobias Matthaeus, Culpeper: zwei zeitgenössische Gelehrte an der Universität Oxford.
30 Salmoneus: nach der griechischen Sage König von Elis, der den Blitz und Donner schleudernden Zeus nachahmte und dafür von einem echten Blitzstrahl des Gottes getroffen wurde.
31 Momus: griechisch-römischer Gott der Tadelsucht.
32 Musäus, Amphion: Schüler des Orpheus, des berühmtesten unter den mythischen Sängern und Saitenspielern des alten Griechenland.
33 Tityrus: in Vergils ländlichen Gedichten (*Eklogen*) ein die Panflöte meisterlich spielender Hirt.
34 Cicero, Marcus Tullius: berühmter römischer Redner (106–43

v. Chr.), dessen klassischer Stil für die Beispielsammlungen lateinischer Schulgrammatiken maßgeblich wurde. In Arpinum geboren, wurde er auch als ›der Arpinat‹ bezeichnet.
35 Demosthenes: größter griechischer Redner (384–322 v. Chr.).
36 Tullius: vgl. Anm. I 34.
37 Sallust: römischer Geschichtsschreiber (86–35 v. Chr.).
38 Argus: Riese der griechischen Sage, von dessen hundert Augen immer nur zwei schliefen.
39 Rhadamanthys, Minos: in der griechischen Mythologie zwei Totenrichter der Unterwelt; als Vorsitzender bestimmt Minos die übrigen Richter mit Losen, die er einer Urne entnimmt: vgl. Vergil, *Aeneis* VI 432.
40 Vgl. Anm. I 34.
41 Boccaccio, Giovanni: italienischer Dichter und Humanist (1313–75), Verfasser der berühmten Novellensammlung *Il Decamerone*, des viel bewunderten Musters italienischen Prosastils.
42 Petrarca, Francesco: italienischer Dichter und humanistischer Gelehrter (1304–74); wurde als Meister des Sonetts vorbildlich für die Liebesdichtung der Renaissance.
43 Beispiele für pedantische Kontrastierung älterer und neuerer Schreibweisen.
44 Calepino, Nizolius: humanistische Nachschlagewerke, die nach ihren Verfassern benannt sind. – Cornucopia: Füllhorn.
45 Demokrit: griechischer Philosoph (um 460–370 v. Chr.); lehrte, daß alles Seiende durch wechselnde Kombinationen von Atomen entstehe, während das höchste Gut die Heiterkeit der Seele sei, weshalb er schon im Altertum der ›lachende Philosoph‹ hieß – im Gegensatz zu dem tragisch gesinnten, ›weinenden Philosophen‹ Heraklit (um 544–483 v. Chr.).
46 Chrysipp: griechischer Philosoph des 3. Jh.s v. Chr.; zweiter Begründer der Schule der Stoa.
47 Vergilius Maro, Publius: größter römischer Dichter (70–19 v. Chr.); verfaßte die *Aeneis*, das umfangreiche Heldenepos über die bis auf den Trojanischen Krieg zurückgeführte Vorgeschichte Roms; hieraus zitiert Bruno im folgenden Satz die berühmten Namen derer, die der Pedant zu kommentieren beliebt.
48 Parodistische Abwandlung eines Zitats aus dem *Heautontimorumenos* des römischen Komödiendichters Terenz (um 190–159 v. Chr.): »homo sum, humani nil a me alienum puto« (»Ich bin ein Mensch, darum gilt nichts Menschliches mir fremd«).
49 In verschiedenen Reden Ciceros wiederholter Ausruf.

50 Krösus: kleinasiatischer König (6. Jh. v. Chr.) von sprichwörtlichem Reichtum.
51 Leda: in der griechischen Sage Geliebte des Zeus, der sie in Gestalt eines Schwanes aufgesucht haben soll.
52 Pyrrhonianer: Anhänger der Lehre des griechischen Philosophen Pyrrhon (3. Jh. v. Chr.), des Begründers des Skeptizismus.
53 demokritisieren: Wortspiel mit dem Namen des atomistischen Philosophen Demokrit (vgl. Anm. I 45) in der Bedeutung einer heiteren Distanzierung von dem eitlen Treiben der Welt.
54 Merkur (röm.): griech. Hermes, Gott des Handels und Herold des Zeus.
55 Menippos: griechischer Satiriker des 3. Jh.s v. Chr., den der griechische Schriftsteller Lukian im 2. Jh. n. Chr. zum Titelhelden seiner Satire *Ikaromenippos* machte, um aus der Mondperspektive die irdischen Zustände zu verspotten.
56 Epimetheus: in der griechischen Sage unbedachter, wenn auch handwerklich geschickter Bruder des Prometheus, des Schöpfers des Menschengeschlechts.
57 Hedoniden, Thyaden, Mänaden, Basariden, Mimalloniden: rasende Bacchantinnen aus dem Gefolge des Weingottes Dionysos (griech.) / Bacchus (röm.).
58 Egeria: bei den Römern ursprünglich Quellnymphe, dann weissagende Gemahlin ihres Königs Numa (um 700 v. Chr.).
59 Demogorgon: im Altertum rätselhafte Gottheit, die von Magiern des Orients verehrt wurde.
60 Dioskuren: in der griechischen Sage das Brüderpaar Castor und Pollux, Söhne des Zeus, die als Abend- und Morgenstern den Schiffern die Richtung wiesen.
61 Pantamorphos (griech.): wörtl. ›der Allgestaltige‹, womit der verwandlungsfähige griechische Meergott Proteus gemeint ist, der nach einer späteren Sage ein uralter reicher König Ägyptens gewesen sein soll.
62 Aaron: im Alten Testament Bruder des Moses.
63 Ellipse: Weglassung von ergänzbaren Wörtern in der Rede.
64 Tautologie: Verdoppelung eines Begriffs durch ein gleichbedeutendes Wort.
65 König von Sarza: d. i. Rodomonte, Figur aus dem *Rasenden Roland*, dem Hauptwerk des bedeutenden italienischen Renaissance-Dichters Ludovico Ariosto (1474–1533); das folgende Zitat dort: XXVII 120.
66 Polihymnia: Muse des Lob- und Preisgesangs.

67 Elisabeth I. von England; vgl. die Anm. 3 zu Brunos Einleitungskapitel.
68 Sophonisbe: karthagische Gemahlin des (nordafrikanischen) Numiderkönigs Masinissa (2. Hälfte des 3. Jh.s v. Chr.).
69 Faustina: berüchtigte Gemahlin des römischen ›Philosophenkaisers‹ Marc Aurel (2. Jh. n. Chr.).
70 Semiramis: sagenumwobene assyrische Königin (um 800 v. Chr.), welche der Überlieferung nach die Hängenden Gärten von Babylon, eines der Sieben Weltwunder des Altertums, anlegen ließ.
71 Dido: legendäre phönizische Gründerin Karthagos; vgl. auch Vergils *Aeneis*.
72 Anspielungen auf die im Europa des 16. Jh.s tobenden Kriege und religiösen Unruhen.
73 Lustrum: römische Bezeichnung für einen Zeitraum von fünf Jahren.

II. Dialog

1 Dicsono Arelio: wurde bereits im ersten Dialog vorgestellt als »treuer Freund, den der Nolaner liebt wie seinen Augapfel und der die Entstehung dieser Dialoge veranlaßt hat« (vgl. S. 44). Das historische Vorbild ist der gleichnamige englische Schüler Brunos, der in Anlehnung an die Schrift des Nolaners *De umbris idearum* (1582) eine Nachahmung unter dem Titel *De umbra rationis* (1583) verfaßt hatte; der Beiname Arelio bezieht sich wohl auf den schottischen Geburtsort Erol. – Hinsichtlich der übrigen Gesprächspartner vgl. Anm. I 1 und 21.
2 Prinzip und Ursache: beide Begriffe verwendet Bruno noch im ursprünglichen Sinne von ›Anfangsgrund‹ und ›Ur-Sache‹, wie sie von Aristoteles – fast gleichbedeutend – definiert worden waren (*Metaphysik* V 1 f., 1012b 34 ff.), und zwar im Hinblick auf ein *Erstes* des Seins, des Werdens und des Erkennens. Davon unterscheidet Bruno die von außen wirkende *nächste* Ursache des je Einzelseienden, wohingegen dessen ›Prinzip‹ ihm als Seins- und Anfangsgrund innewohne. Dem entspricht der Hylozoismus (die Lehre von der Belebtheit der Materie) in der Philosophie des Nolaners, der auch die von Natur gegebenen *Dinge* als aus sich selbst lebende *Organismen* dachte und dadurch ihrer kausal-mechanischen Erklärung entgegenwirkte, die dann allerdings unter dem Einfluß der beginnenden Naturwissenschaften seit Descartes

verabsolutiert wurde und alles Organische im Begriff der *res extensa* (›ausgedehnte Sache‹) verdinglichen sollte. – Vgl. Anm. II 18.

3 Wirkursache: Bruno bedient sich der aristotelischen vierfachen Unterscheidung des Begriffs der Ursache in: *Stoffursache* (causa materialis), wie z. B. das Material aus dem eine Statue hergestellt ist, *Formursache* (causa formalis), als die bestimmte Gestalt einer Statue, *Wirkursache* (causa efficiens), in der Bedeutung des Künstlers, der die Statue angefertigt hat, und *Zweckursache* (causa finalis), im Sinn des Zwecks, für den die Statue geschaffen wurde. Vgl. *Metaphysik* V 2, 1013a 24 ff.

4 Instrumente: im Original »organi«, worin der Begriff des ›Organon‹ (›Werkzeug‹) nachklingt, mit dem die auf die Logik bezogenen Schriften des Aristoteles bezeichnet wurden. Dessen metaphysischer Ableitung von Tatsachenaussagen aus reinen Begriffen – wie sie auch im aristotelischen Denken des Mittelalters vorherrschend war – setzte Brunos Zeitgenosse, Francis Bacon, sein *Novum Organon Scientiarum* (1620) entgegen als Begründung eines wissenschaftlichen Denkens, das seine Begriffe aus Erfahrung – durch Beobachtung und Experiment – gewinnt.

5 Kunst der Künste: Anspielung auf die *Ars magna* (›Große Kunst‹) des Raimundus Lullus (1235–1316), in welcher er die Methode entwickelt hatte, mittels Kombination oberster Begriffe zu neuen Erkenntnissen zu gelangen, woran auch Bruno und noch Leibniz anknüpften.

6 Apelles: Bruno verwechselt zwei griechische Maler der Antike: den wegen seiner *Helena* gerühmten Zeuxis (um 400 v. Chr.) und den gleichzeitigen Apelles, der als unübertroffener Maler der Venus galt.

7 Substanz und Akzidenzien: das zugrundeliegende unveränderliche Wesen alles Seienden und seine wechselnden unwesentlichen Eigenschaften. Die Unterscheidung geht vor allem auf Aristoteles zurück und wurde über die Scholastik der Philosophie der Neuzeit (Descartes, Spinoza) vermittelt.

8 Peripatetiker: von griech. *peripatein* (›umherwandeln‹); Bezeichnung für die unmittelbaren Schüler und die späteren Anhänger des Aristoteles, der zuerst in den Wandelgängen des Lykeion-Gymnasiums in Athen gelehrt hatte.

9 Kabbalisten: Anhänger der Kabbala, der jüdischen Mystik des Mittelalters, die von bedeutendem Einfluß auf die Renaissance war.

10 Talmudisten: Verfechter der Lehren des Talmud, einer jüdischen Sammlung religionsgesetzlicher Schriften.
11 *Timaios*: Titel des – in der Renaissance geschätzten – Dialogs von Platon, worin seine Naturphilosophie und Kosmologie entwikkelt ist (vgl. 41a–b).
12 *intellectus universalis*: von Avicenna (vgl. Anm. III 10) gebrauchter Begriff zur Bezeichnung des einen tätigen Weltgeistes.
13 Weltseele: von Platon (*Timaios*) ausgehender Begriff, der über die Stoa – als *pneuma* – und den mystischen Neuplatonismus Plotins (205–270 n. Chr.) der Philosophie der Renaissance vermittelt wurde.
14 Empedokles: griechischer Naturphilosoph des 5. Jh.s v. Chr., dem im Mittelalter neuplatonische Traktate über die Weltseele zugeschrieben wurden.
15 Vergil, *Aeneis* VI 726 f.
16 Vgl. Platon, *Timaios* 29a, wobei jedoch Platon zwischen dem Demiurgen-Gott und der Weltseele unterscheidet.
17 Orpheus: dem Namen des vielgerühmten Sängers und Leierspielers aus der griechischen Sage verbanden sich in der Antike kultische und philosophische Lehren.
18 Im Begriff der das Ganze des Alls umfassenden Weltseele verknüpft Bruno, was er zunächst im Hinblick auf das je Einzelseiende als getrennte Bestimmungen eingeführt hatte: (inneres) Prinzip und (äußere) Ursache. *Erstes Prinzip* und (freilich innere) *erste Ursache* läßt er beide in der vermittelnden Instanz der göttlichen Weltseele zusammenfallen, welche die gesamte Natur von innen heraus belebt, ohne doch in deren Erscheinungen aufzugehen. Brunos Philosophie ist daher nicht nur pantheistisch – die Gleichsetzung von Natur und Gott lehrend –, sondern *panentheistisch* – im Sinne einer in Gott enthaltenen göttlichen Natur.
19 Aristoteles, *De Anima* II 2. Bruno überträgt die von Aristoteles angestellten Betrachtungen über die individuelle Seele in ihrem Verhältnis zum Körper auf die Beziehung der Weltseele zum Universum.
20 Plotin, *Enneaden* II 9,7, und zum Folgenden vgl. IV 4,38. – Zu Plotin vgl. Anm. II 13.
21 Aristoteles, *Physik* II 8, 199b 26 ff. und *Nikomachische Ethik* II 1, 1103a 34.
22 Platon, *Timaios* 29e, 37c f.
23 topisch: auf die *topoi* (die ›Gemeinplätze‹) bezogen, die nach Aristoteles zum festen Bestandteil der menschlichen Rede gehören.

24 Vgl. Brunos Begriff der Monade – z. B. in dem lateinischen Lehrgedicht *De monade, numero et figura* – und dessen zentrale Stellung in der Philosophie von Leibniz (1646–1716), nach der die Monaden als einfache Substanzen immaterielle Elemente der Welt sind und – wenn auch ›fensterlos‹ – einzeln in sich die Welt als Ganzes spiegeln.
25 Vergil, *Eklogen* III 1.
26 Minerva-Schule: röm. Minerva für griech. Athene, nach der – als der Göttin der Wissenschaften – seit der Spätantike höhere Bildungsanstalten benannt wurden.
27 Ironisch gebrauchtes Bibelzitat; vgl. Lk. 24,36 und Joh. 20,19.
28 Ironisch gebrauchtes Bibelzitat; vgl. 1. Mose 9,25; »Servus servorum Dei« (»Knecht der Knechte Gottes«) ist seit Papst Gregor dem Großen (590–604) der Beiname der Päpste.
29 Ironisch gebrauchtes Bibelzitat; vgl. Jes. 66,1.
30 Ironisch gebrauchtes Bibelzitat; vgl. Tob. 8,9.
31 Materie, Form und im folgenden: Potenz, Aktus, Entelechie: Schlüsselbegriffe für das Verständnis von Brunos Philosophie und ihrer Wendung gegen die in der mittelalterlichen Scholastik fortwirkende Metaphysik des Aristoteles. Hatte dieser die Entstehung des Einzelseienden aus dem Zusammentreten des passiven Prinzips der Materie und des aktiven Prinzips der Form erklärt – wobei das in der Materie als bloß abstraktes Vermögen (›Potenz‹) gegebene Wesen der Dinge erst durch die hinzutretende Form zur Verwirklichung (›Aktus‹) und Vollendung (›Entelechie‹) im je Einzelseienden gelangt –, so verlegt Bruno die Form als *aktive Potenz* in die nun ganz aus eigener Kraft sich entfaltende Materie.
32 Anaxagoras: griechischer Philosoph (um 500–428 v. Chr.), nach dessen Lehre ein die Welt durchdringender Geist (*nous*) aus feinster Materie die verschiedenen Elemente zu Dingen verbindet.
33 Nekromanten: Totenbeschwörer; vgl. zum Thema ›Magie und Renaissance‹ das Kapitel *Verflechtung von antikem und neuerem Aberglauben* in dem wiederholt aufgelegten Standardwerk von Jacob Burckhardt, *Die Kultur der Renaissance in Italien*, Basel 1860; sowie die neuere Darstellung von Eugenio Garin, *Medioevo e Rinascimento*, Bari 1973, S. 141–178; und diesbezüglich speziell zu Bruno die materialreiche Untersuchung von Frances A. Yates, *Giordano Bruno and the Hermetic Tradition*, London/Chicago 1964.
34 Pythagoras: griechischer Philosoph des 6. Jh.s v. Chr., der die Zahlen für die Prinzipien des Seienden hielt; er galt wie Empe-

dokles (vgl. Anm. II 14) als Anhänger der Lehre von der Weltseele.
35 Vergil, *Aeneis* VI 724–727.
36 Weish. 1,7.
37 Sophisten: in der griechischen Antike (5. Jh. v. Chr.) philosophische Lehrer der Beredsamkeit, die später – von Sokrates und Platon unredlichen Scheinwissens überführt – als windige Wortemacher galten, weshalb Bruno ihnen gern seine Gegner, die spätscholastischen Aristoteliker gleichsetzt.
38 Ovid, *Metamorphosen* XV 153–159 und 165 (als Lehre des Pythagoras vorgetragen).
39 Pred. 1,9 f.
40 Empedokles: vgl. Anm. II 14.
41 Grandazzo: heute Randazzo (Provinz Catania).
42 Empyreischer Himmel: in der antiken Naturphilosophie die von Feuer (griech. *pyr*) erfüllte oberste Weltgegend.
43 Melazzo: heute Milazzo (Provinz Messina).
44 Nicosia: in der Provinz Catania gelegen.

III. Dialog

1 Mt. 23,8.
2 Cicero, *De officiis* I 22.
3 Mt. 22,21.
4 sine linea: »Nulla dies sine linea« (»Kein Tag ohne einen Strich«); nach Plinius dem Älteren (*Naturalis historia* 35,84) von dem berühmten griechischen Maler Apelles (2. Hälfte des 4. Jh.s v. Chr.) ausgegangenes Sprichwort, seine Kunst wenigstens durch eine gezeichnete Linie am Tag zu üben.
5 Kalkuttaland: Indien.
6 Diogenes: griechischer Philosoph aus Sinope in Kleinasien (4. Jh. v. Chr.), der die Lehre der Kyniker in die Praxis umsetzte. Er lebte in Athen als anekdotenumranktes Urbild kynischer Bedürfnislosigkeit und auch Schamlosigkeit – wovon sich der Begriff ›Zynismus‹ herleitet. Er soll auf offenem Markt eine Hetäre geliebt haben und auf die Frage, was er denn da treibe, geantwortet haben: »Ich pflanze einen Menschen.«
7 Minerva-Schule: vgl. Anm. II 28.
8 Paracelsus: d. i. Theophrastus Bombastus von Hohenheim (1493–1541), berühmter Naturforscher und Arzt der Renais-

III. Dialog 163

sance, der gegen scholastische Buchgelehrsamkeit die Methode praktischer Naturbeobachtung vertrat und dadurch zum Gewährsmann für Bruno wurde.
9 Galenus: griechischer Leibarzt des römischen Kaisers Marc Aurel (2. Jh. n. Chr.); galt aufgrund seiner medizinischen Schriften jahrhundertelang als Autorität.
10 Avicenna: d. i. Ibn Sina (980–1037), bedeutender arabisch-persischer Arzt und Philosoph, dessen enzyklopädisches Werk in der mittelalterlichen Scholastik des Abendlandes maßgebliche Bedeutung erlangte.
11 Vergil, *Aeneis* II 774.
12 ein Franzose: Anspielung auf den humanistischen Gelehrten Petrus Ramus (1515–72) und seine Schriften *Scholae in Liberales Artes*, Basel 1569, und *Aristotelicae animadversiones*, Paris 1543.
13 die Freien Künste: lat. ›artes liberales‹, im Gegensatz zu den handwerklichen Künsten in der Spätantike Bezeichnung für die Künste und Wissenschaften, denen der freie Mann nachging. Im frühen Mittelalter entwickelte sich daraus die jahrhundertelang gültige Bildungsordnung der sieben Freien Künste, bestehend aus den drei sprachlichen Künsten (Grammatik, Rhetorik, Dialektik) und den vier mathematischen (Arithmetik, Geometrie, Musik, Astronomie), dem sog. Trivium (›Dreiweg‹) und dem Quadrivium (›Vierweg‹).
14 ein Italiener: Anspielung auf den Humanisten Franciscus Patritius (1529–97), den Autor der *Discussiones peripateticae*, Venedig 1571 und Basel 1581.
15 Telesio: Bernardino Telesio aus Cosenza (1509–88), der in seinem antiaristotelischen Hauptwerk *De natura juxta propria principia* (*Über die Natur gemäß ihren eigenen Prinzipien*), Rom 1565 und Neapel 1586, die Erkenntnis der Natur aus vorgängigen Begriffen bestreitet und statt dessen Beobachtung und Erfahrung als neuen Königsweg der Naturphilosophie lehrt, so daß Bruno ihn als Vorläufer begrüßen konnte. – Vgl. Anm. II 4 und III 8.
16 Demokrit: vgl. Anm. I 45.
17 Epikureer: die Anhänger der Naturlehre Epikurs (342–270 v. Chr.), welche im wesentlichen mit der demokritischen Atomlehre übereinstimmt.
18 Avicebron: kein arabischer, sondern der erste jüdische Philosoph des Abendlandes (1020–70 in Spanien), dessen ursprünglicher Name Ibn Gabirol war. Unter aristotelisch-neuplatonischem Einfluß stehend, lehrte er in seinem Hauptwerk *Fons vitae* (*Quel-*

le des Lebens), daß es nur *eine* ›allgemeine Materie‹ gebe, die sowohl körperliche wie auch geistige Qualität besitze.

19 Kyrenaiker: Vertreter der Schule des griechischen Philosophen Aristippos aus Kyrene in Nordafrika (um 435–355 v. Chr.), der jedoch weniger durch seine von Bruno erwähnte Naturlehre bekannt wurde als vielmehr durch seine Ethik des Hedonismus, nach der die Lust das Ziel aller menschlichen Handlungen ist.

20 Kyniker: Anhänger des griechischen Philosophen Antisthenes (um 400 v. Chr.), der im Athener Gymnasium Kynosarges als Lehrer der Bedürfnislosigkeit die ›kynische Schule‹ begründete, jedoch kaum durch die ihm von Bruno zugeschriebene Naturlehre wirkte. –Vgl. Anm. III 6.

21 Stoiker: Anhänger der Stoa, der durch Zeno von Kition (um 300 v. Chr.) in Athen begründeten Philosophen-Schule, die sich nach ihrem Versammlungsort, einer Säulenhalle, benannte und später durch die Vermittlung Ciceros auf die römische Welt einwirkte. Sie forderte, gemäß den Gesetzen der ewig in sich kreisenden Natur zu leben, die sie von der göttlichen Kraft als der am feinsten strukturierten Materie durchwirkt denken.

22 Bruno sucht hier seine Philosophie gegen ein Mißverständnis abzusichern, indem er sie – modern gesprochen – als Hylozoismus (vgl. Anm. II 2) von mechanischem Materialismus unterscheidet. Wie aus dem Folgenden hervorgeht, spielt er damit zugleich Paracelsus gegen Galenus und dessen Schüler aus.

23 Timaios: vgl. Anm. II 11; hier als Autor eines weit später verfaßten, ihm jedoch zugeschriebenen Traktats *Über die Weltseele und die Natur* genannt.

24 Aristoteles, *De anima* II 1, 412a 27 f.

25 Aristoteles, *Metaphysik* VII 15, 1039b 27–29.

26 Vgl. Anm. III 18.

27 Anspielung auf die aus dem Altertum überkommene Pathologie und Temperamentenlehre der hippokratisch-galenischen Medizin, nach der Gesundheitszustand und Gemütsart durch das Mischungsverhältnis der ›vier Körpersäfte des Körpers‹ bestimmt werden: Blut (sanguinisch), Schleim (phlegmatisch), gelbe Galle (cholerisch), schwarze Galle (melancholisch).

28 Quintessenz: hier als Oberbegriff für die alchimistischen Elemente (alles Seienden) Quecksilber, Salz und Schwefel gebraucht; zur ursprünglichen Bedeutung bei Aristoteles vgl. Anm. I 18.

29 Heraklit: griechischer Philosoph (um 544–483 v. Chr.); lehrte die Entstehung des Seienden aus dem als reine Vernunft (Seele)

gedachten göttlichen Urfeuer, in das alles auch wieder zurückkehre, so daß ein ewiges Werden und Vergehen herrsche. – Vgl. Anm. I 45.
30 Trismegistos: eigentlich Hermes Trismegistos; griechischer Name eines ägyptischen Gottes, auf dessen Offenbarungen eine Reihe spätantiker Schriften (u. a. eine Weltentstehungslehre) zurückgeführt wurde, die besonders den mittelalterlichen Alchimisten als Quelle ihrer Geheimlehren dienten.
31 Ps. 19,5–7.
32 2. Mose 3,14.
33 Jes. 41,4; 44,6; 48,12 und Offb. 1,17.
34 Ps. 139,12.
35 Parmenides: griechischer Philosoph (um 540–480 v. Chr.) aus Elea in Unteritalien; lehrte, daß der Schein der wechselnden Sinneswahrnehmungen die Wahrheit des unveränderlichen einen Seins verberge. Die idealistisch verabsolutierte Form dieser Entgegensetzung wurde von Bruno offenbar nicht bemerkt.

IV. Dialog

1 Spr. 30,16.
2 Antilyceum: vgl. Anm. II 8 Wortspiel mit der vorher gemachten Ortsangabe ›Lyceum‹, der antiken Lehrstätte des von den Vertretern der Brunoschen Philosophie angegriffenen Aristotelismus.
3 Gemeint ist Aristoteles, dem die Erziehung des aus der nordgriechischen Landschaft Makedonien gebürtigen Alexander des Großen anvertraut war.
4 hyle (griech.): Holz, Stoff; bei Aristoteles philosophischer Begriff der Materie.
5 silva (lat.): Wald, Holz, für griech. *hyle*, vgl. Anm. IV 4.
6 complexio: rhetorische Figur, aus der Wiederholung von Satzanfang und Satzende bestehend.
7 exclamatio: rhetorische Figur des Ausrufs.
8 Ps. 51,7.
9 1. Mose 3,12.
10 natura naturans (lat.): Begriff der scholastischen Philosophie für die Natur als schöpferisches Prinzip, aus dem die ›natura naturata‹ genannte natürliche Wirklichkeit hervorgehe; so noch bei Spinoza.
11 Aristoteles, *Physik* I 9, 192a 22–25; materia prima (lat.): wörtl.

>erste Materie<; ist nach Aristoteles die Urmaterie, die noch der Formen bedarf, um sich zur Vielheit der Natur zu entwickeln.
12 Ariost, *Orlando furioso* XXVII 119. – Vgl. Anm. I 65.
13 Orpheus: wie die griechische Sage berichtet, soll der bewunderte Sänger und Leierspieler nach dem Verlust seiner Braut Eurydike untröstlich gewesen sein und – einsam durch die Wälder Thrakiens irrend – von Mänaden, den rasenden Priesterinnen des Bacchus, zerrissen worden sein.
14 Tartüff: in der gleichnamigen Komödie von Molière (1622–73) die Figur des Heuchlers, deren Vorbild der italienischen Stegreifkomödie entstammt. Die wortgeschichtliche Verwandtschaft mit >Trüffel< geht auf die gemeinsame Wurzel *tartufo* in der doppelten Bedeutung von >Trüffel/Heuchler< zurück, die Bruno hier als Wortspiel einsetzt.
15 Horaz, *Briefe* II 3,6 und I 1,88.
16 Secundus: neupythagoreischer Philosoph des 2. Jh.s n. Chr., unter dessen Namen eine Spruchsammlung überliefert wurde. – Über den im folgenden genannten >Biscayer< ist weiter nichts bekannt.
17 Protagoras: griechischer Philosoph (480–410 v. Chr.), der bedeutendste der Sophisten, jener antiken Lehrer der Redekunst, die Bruno wegen ihrer Spitzfindigkeit abwertend mit seinen Gegnern, den Aristotelikern, gleichsetzt; von ihm stammt der alle Erkenntnis relativierende Satz: »Der Mensch ist das Maß aller Dinge.«
18 Cicala: auf historischem Vorbild beruhende Figur in Brunos Dialog *Über die heroischen Leidenschaften*.
19 Vgl. die dem vorliegenden Werk vorangestellte Widmung Brunos an seinen Gönner Michel von Castelnau, Seigneur de Mauvissière; dessen Gemahlin war die im folgenden genannte Maria von Boshtel.
20 Lustrum: vgl. Anm. I 73.
21 Avicebron: vgl. Anm. III 18; zum Zitat: *Fons vitae* IV 15.
22 Vgl. Offb. 19,10 und 22,9, wo jedoch die Worte des Engels nicht an Jakob, sondern an Johannes gerichtet sind.
23 Plotin, *Enneaden* II 4,4.
24 unteilbar: als Adjektiv hat *individuo* die Bedeutung von >unteilbar< und bezeichnet hier die Einheit der Gattung, welche die Vielheit des Einzelnen in sich faßt.
25 Averroës: d. i. Mohammed ibn Ruschd (1126–98), führender westarabischer Philosoph, der im spanischen Cordoba wirkte und

vor allem durch seine Kommentare zu Aristoteles bekannt wurde; lehrte, daß die Formen der Materie entkeimen.
26 entitativ: von lat. *ens* (›seiend‹); das Sein als Wesen betreffend.
27 Schimäre: von ›Chimäre‹, dem Namen eines phantastischen Ungeheuers der griechischen Sage, das vorn wie ein Löwe, in der Mitte wie eine Ziege und hinten wie ein Drache gestaltet war, später jedoch als Hirngespinst galt.
28 1. Mose 1,24 und 1,20.
29 1. Mose 1,2; zum Folgenden vgl. ebd. 1,6–9.
30 Ideen Platons: Gemeint ist dessen Lehre von den Ideen, wonach diese – als die Urbilder des durch sie bedingten Einzelseienden – allein als wahr gelten, während Aristoteles hierin gerade eine unnötige Verdoppelung der realen Welt sah.
31 David von Dinant: scholastischer Philosoph (um 1200), der die pantheistische Einheit von Gott, Geist und Materie lehrte.
32 Vergil, *Eklogen* III 7.

V. Dialog

1 Die Definition des Absoluten als des Zusammenfalls der Gegensätze – *coincidentia oppositorum* – geht auf Nikolaus Cusanus (aus Kues an der Mosel, 1401–64) zurück, desgleichen die von Bruno benutzten arithmetischen und geometrischen Analogien, insbesondere am Ende des Dialogs. Bruno gibt dieser theologischen Definition des Einen eine pantheistische Wendung, indem er sie auf die Einheit des Universums bezieht.
2 Stadion, Parasange: vgl. Anm. 11 und 12 des Einleitungskapitels.
3 Verwandlung: Anspielung auf die von den Pythagoreern vertretene und Pythagoras zugeschriebene Lehre von der Seelenwanderung.
4 Vgl. Anm. II 39.
5 Sophist: vgl. Anm. II 37.
6 ubique (lat.): überall, von Nikolaus Cusanus entwickelter Begriff, um die Gegenwart aller Wesensbestimmungen des Ganzen im je Einzelseienden auszudrücken, das dadurch als ein verkleinerter Spiegel des Universums definiert ist; so noch bei Leibniz.
7 Gemeint sind die geozentrischen Sphären oder Schalen der aristotelisch-ptolomäischen Kosmologie, deren Geltung Bruno als überzeugter Anhänger des kopernikanischen Weltbildes leidenschaftlich bekämpft hat; vgl. seinen kosmologischen Dialog *Das Aschermittwochsmahl*.

8 Parmenides: vgl. Anm. III 35.
9 Agens: von lat. *agere* (›in Bewegung setzen‹), bedeutet ›wirkendes Wesen‹.
10 Heraklit: vgl. Anm. III 29.
11 Vgl. Aristoteles, *Physik* III 4, 203a 15: »Platon lehrt zwei Unendliche, das Große und das Kleine«.
12 Archytas: griechischer Philosoph und Mathematiker des 4. Jh.s v. Chr.; war Pythagoreer; die ihm zugeschriebene Kategorienschrift stammt jedoch aus sehr viel späterer Zeit.
13 Verifikation: wörtl. ›Bewahrheitung‹; hier im Sinne einer Prüfung und Bestätigung des zuvor Bewiesenen.
14 Die Bezeichnungen sind z. T. in der Übersetzung entsprechend der graphischen Darstellung umbenannt.
15 Theriak: mittelalterliches Arzneimittel, das bei Vergiftungen angewandt wurde.
16 Privation: Beraubung; dient zur Bezeichnung der von Aristoteles vorausgesetzten ursprünglichen Ausschließung eines von zwei Entgegengesetzten (*Metaphysik* X 4, 1055b 11–15), die beide dem Vermögen nach in der Materie vorliegen und von denen das andere – entsprechend seiner hinzutretenden Form – bestimmt und verwirklicht wird.
17 1. Mose 2,18.

Daten zu Leben und Werk Giordano Brunos

1548 (50?)	in Nola bei Neapel geboren als Sohn eines gebildeten, aber wenig begüterten Offiziers; die Mutter soll deutscher Abstammung gewesen sein. Taufname: Philippo. Frühes Interesse an Dichtung und philosophischen Fragen.
1562	geht Bruno nach Neapel, wo er von seinem Onkel, einem Samtweber, aufgenommen wird. Privatunterricht in Logik und Dialektik unter anderen durch den Augustinermönch Teofilo da Varrano, dessen Andenken Bruno später dadurch ehrt, daß er ihn in seinen Dialogen häufig in der Rolle des Lehrenden auftreten läßt.
1565	wird Bruno, siebzehnjährig, Mitglied des Dominikanerordens und nimmt den Brudernamen Giordano an. Er tritt ein ins Kloster Convento St. Domenico bei Neapel, wo er sich, mit kurzen Unterbrechungen, bis 1576 aufhält.
1566	Erste Zweifel des Novizen am christlichen Trinitarismus.
1572	Weihe Brunos zum Priester, der in San Domenico Maggiore in Neapel das Studium der Theologie aufnimmt.
1575	Abschluß des Studiums.
1576	Vorwurf der Ketzerei in 130 Punkten. Bruno flieht nach Rom, legt das Ordenskleid ab und bricht mit der Kirche. Erteilt in Noli Unterricht in Grammatik und Astronomie.
1577	Beginn eines unsteten Wanderlebens, das ihn von Noli nach Savona, Turin, Venedig, Padua, Brescia und Bergamo führt.
1578	gelangt Bruno über Mailand und Chambéry/Savoyen nach Genf.
1579	soll Bruno zum Calvinismus übergetreten sein. Immatrikulation im Mai an der Genfer Universität. Kurze Inhaftierung im August wegen einer antischolastischen Streitschrift. Unter Druck nimmt Bruno seine Thesen zurück. Geht im September (oder Oktober) nach Lyon, von dort nach Toulouse, wo er Privatvorlesungen über Astronomie hält. Bruno bekommt an der dortigen Uni-

	versität einen Lehrstuhl für Philosophie. Vorlesungen hauptsächlich über die Seelenlehre des Aristoteles, durch die er europäische Berühmtheit erlangt.
1581	geht Bruno nach Paris und hält an der Sorbonne Vorträge über *Die dreißig Attribute Gottes*, in denen er seine pantheistische Konzeption entwickelt.
1582	Unterredung mit König Heinrich III. über Brunos phänomenales Gedächtnis. Publikation des dem König gewidmeten philosophischen Erstlingswerks *De umbris idearum* et *arte memoriae* und der Komödie *Il candelaio*. Professur am Collège de Cambrai.
1583	reist Bruno wegen zunehmender Unruhen in Frankreich nach London. Hier findet er, auf königliche Empfehlung, Asyl im Hause des ihm gewogenen französischen Botschafters Michel de Castelnau. Nach einigen Vorlesungen über die kopernikanische Astronomie wird ihm in Oxford die Lehrfreiheit wieder entzogen.
1584/85	erscheinen Brunos sechs italienische Dialoge, in denen er, gegen den Wissenschaftsbetrieb der Zeit polemisierend, die philosophischen Konsequenzen des kopernikanischen Weltbildes darlegt: *La cena de le ceneri* (»Das Aschermittwochsmahl«) *De la causa, principio et uno* (»Von der Ursache, dem Prinzip und dem Einen«) *De l'infinito, universo et mondi* (»Vom Unendlichen, dem All und den Welten«) *Spaccio de la bestia trionfante* (»Die Vertreibung der triumphierenden Bestie«) *Cabala del cavallo pegaseo con l'aggiunta dell'asino Cillenico* (»Die Kabbala des Pegasus mit der Zugabe des Kyllenischen Esels«) *De gl'heroici furori* (»Von den heroischen Leidenschaften«).
1585	kehrt Bruno mit dem französischen Botschafter nach Paris zurück. Sein Versuch, sich mit Rom auszusöhnen, scheitert.
1586	verteidigt Bruno öffentlich im Collège de Cambrai *120 Thesen gegen die Peripatetiker über Natur und Welt*, in denen er die aristotelisch-scholastische Philosophie scharf angreift. Es kommt zum Skandal, und Bruno be-

gibt sich nach Deutschland. An der Universität Wittenberg immatrikuliert, liest er im August über aristotelische Logik und die Lullische Gedächtniskunst.

1588　*Camoeracensis Acrotismus*, kommentierter und erweiterter Neudruck der 1586 in Paris vorgetragenen Thesen. Bruno geht nach Prag, wo er dem Kaiser seine gegen die Euklidische Geometrie gerichteten 160 Artikel widmet.

1589　begibt Bruno sich nach Braunschweig. Der freidenkende Herzog Julius gewährt ihm Schutz und eine Professur an der soeben gegründeten Universität Helmstedt. Hier arbeitet er an seinen drei lateinischen Lehrgedichten und verfaßt Schriften zur »magia naturalis«. Bruno wird durch die lutherische Geistlichkeit, die ihn des Calvinismus verdächtigt, aus der Kirchengemeinschaft ausgeschlossen.

1590　verläßt Bruno Helmstedt und geht nach Frankfurt am Main.

1591　veröffentlicht Bruno drei lateinische, die Summe seiner Philosophie bildende Lehrgedichte:
De triplici minimo et mensura (»Vom dreifach Kleinsten und vom Maß«)
De innumerabilibus, immenso et infigurabili (»Vom Unzählbaren, Unermeßlichen und Unvorstellbaren«)
De monade, numero et figura (»Von der Monade, der Zahl und der Gestalt«).
Kurzer Aufenthalt Brunos in Zürich, wo er Privatvorlesungen hält. Wieder in Frankfurt. Bruno folgt einer brieflichen Einladung des Adligen Giovanni Mocenigo und trifft im August in Venedig ein. Im September bewirbt er sich erfolglos um die Professur für Mathematik an der Universität Padua.

1592　übersiedelt Bruno in den Palast Mocenigos, der ihn, als er nach Frankfurt zurückkehren will, am 22. Mai einsperrt. Am 23. Mai denunziert Mocenigo den Philosophen bei der Inquisition. Er fühlt sich insofern von Bruno hintergangen, als er glaubt, dieser wolle ihm Wissen vorenthalten. Am 25. Mai wird Bruno verhaftet. Anklage vor allem wegen häretischer Äußerungen über den Stifter des Christentums.

1593	wird Bruno im Februar nach Rom ins Gefängnis des Heiligen Offiziums überführt.
1600	Das Todesurteil über Bruno, ausgesprochen am 8. Februar, wird am 17. Februar auf dem Scheiterhaufen vollstreckt.

Ausgewählte Literatur

über Quellen, Gehalt und Wirkungsgeschichte der Brunoschen Philosophie

Aristoteles: Metaphysik. Übertr. und in ihrer Entstehung erl. von Paul Gohlke. Paderborn 1951.
Averroës: Metaphysik. Nach dem Arabischen übers. und erl. von Max Horten. Frankfurt a. M. 1960. (Repr. der Ausg. Bonn 1912.)
Beierwaltes, Werner: Einleitung zu: Giordano Bruno: Von der Ursache, dem Prinzip und dem Einen. Übers. von Adolf Lasson, hrsg. von Paul Richard Blum. Hamburg ⁶1982.
Bloch, Ernst: Das Prinzip Hoffnung. Frankfurt a. M. 1959. [Zu Bruno: S. 271–274; 993–996.]
– Avicenna und die Aristotelische Linke. In: E. B.: Das Materialismusproblem, seine Geschichte und Substanz. Frankfurt a. M. 1972. S. 479–546.
– Zwischenwelten in der Philosophiegeschichte. Aus Leipziger Vorlesungen. Frankfurt a. M. 1977. [Zu Bruno: S. 188–206.]
– Tendenz – Latenz – Utopie. Frankfurt a. M. 1978. [Zu Bruno: S. 409–413.]
Blum, Paul Richard: Aristoteles bei Giordano Bruno. Studien zur philosophischen Rezeption. München 1980.
Blumenberg, Hans: Aspekte der Epochenschwelle: Cusaner und Nolaner. Erw. und überarb. Neuausg. von: Die Legitimität der Neuzeit. Tl 4. Frankfurt a. M. 1976.
– »Nachahmung der Natur«. Zur Vorgeschichte der Idee des schöpferischen Menschen. In: H. B.: Wirklichkeiten, in denen wir leben. Aufsätze und eine Rede. Stuttgart 1981. S. 55–103.
Boas, Marie: Die Renaissance der Naturwissenschaften 1450–1630. Das Zeitalter des Kopernikus. Gütersloh 1965.
Bracken, Ernst von: Meister Eckhart und Fichte. Würzburg 1943.
Brockmeier, Jens: Die Naturtheorie Giordano Brunos. Erkenntnistheoretische und naturphilosophische Voraussetzungen des frühbürgerlichen Materialismus. Frankfurt a. M. / New York 1980.
Bruno, Giordano: Heroische Leidenschaften und individuelles Leben. Eine Auswahl und Interpretation von Ernesto Grassi. Bern 1947.
Ciliberto, Michele: Giordano Bruno. Roma 1990.

Ciliberto, Michele: Lessico di Giordano Bruno. 2 Bde. Napoli 1979.
Croce, Abel: Giordano Bruno. Der Ketzer von Nola. Wien 1970.
Dilthey, Wilhelm: Gesammelte Schriften. Bd. 2. Stuttgart ⁷1964. [Zu Bruno: S. 297–342.]
Ditfurth, Hoimar von: Giordano Bruno. In: Die Konstituierung der neuzeitlichen Welt. Philosophen. Hrsg. von Kurt Fassmann. Frankfurt a. M. 1984. S. 11–36.
Engels, Friedrich: Dialektik der Natur. In: Karl Marx / F. E.: Werke. Bd. 20. Berlin 1968. S. 307–570.
– Marx, Karl: Die heilige Familie oder Kritik der kritischen Kritik. Gegen Bruno Bauer und Konsorten. In: K. M / F. E.: Werke. Bd. 2. Berlin 1959. S. 131–141.
Gentile, Caro (Hrsg.): Giordano Bruno ieri e oggi. Foggia 1982.
Geschichte der Philosophie in Text und Darstellung. Bd. 3: Renaissance und frühe Neuzeit. Hrsg. von Stephan Otto. Stuttgart ³2000.
Hartmann, Eduard von: Geschichte der Metaphysik. Bd. 1. Darmstadt 1969. (Repr. der Ausg. Leipzig 1899.) [Zu Bruno: S. 301–316.]
Heller, Agnes: Der Mensch der Renaissance. Köln-Lövenich 1982.
Hemleben, Johannes: Galilei. Reinbek bei Hamburg 1969.
Hönigswald, Richard: Giordano Bruno. In: Große Denker. Hrsg. von Ernst von Aster. Bd. 1. Leipzig 1912. S. 317–346.
Jacob, Margaret C.: The Radical Enlightenment: Pantheists, Freemasons and Republicans. London 1971. [Zu Bruno: S. 29–37.]
Joël, Karl: Der Ursprung der Naturphilosophie aus dem Geiste der Mystik. Basel 1903.
Kearney, Hugh: Und es entstand ein neues Weltbild. Die Wissenschaftliche Revolution vor einem halben Jahrtausend. München 1971.
Kesten, Hermann: Copernicus und seine Welt. Biographie. Frankfurt a. M. / Berlin / Wien 1983.
Kirchhoff, Jochen: Giordano Bruno. Reinbek bei Hamburg 1980.
Koyré, Alexandre: Von der geschlossenen Welt zum unendlichen Universum. Frankfurt a. M. 1969.
Kuhlenbeck, Ludwig: Bruno, der Märtyrer der neuen Weltanschauung. Sein Leben, seine Lehre und sein Tod auf dem Scheiterhaufen. Leipzig ²1899.
Lange, Friedrich Albert: Geschichte des Materialismus. Hrsg. und eingel. von Alfred Schmidt. Bd. 1. Frankfurt a. M. 1974. [Zu Bruno: S. 188–203.]

Levergois, B.: Giordano Bruno. Paris 1995.
Ley, Hermann: Studie zur Geschichte des Materialismus im Mittelalter. Berlin 1957.
- Geschichte der Aufklärung und des Atheismus. Band 3,1. Berlin 1978.
Mauthner, Fritz: Der Atheismus und seine Geschichte im Abendlande. Bd. 2. Stuttgart/Berlin 1921. [Zu Bruno: S. 43–52.]
Papi, Fulvio: Antropologia e civiltà nel pensiero di Giordano Bruno. Firenze 1968.
Prechtl, Robert: Giordano Bruno und Galilei. Prozesse um ein Weltbild. München 1948.
Raffy, Ádám: Wenn Giordano Bruno ein Tagebuch geführt hätte ... Budapest 1956.
Renan, Ernest: Averroès et l'averroïsme. Paris 1852.
Sabbatino, P.: Giordano Bruno e la »mutazione« del Rinascimento. Firenze 1991.
Schmidt, Alfred: Anthropologie und Ontologie bei Bloch. In: A. Sch.: Kritische Theorie. Humanismus. Aufklärung. Philosophische Arbeiten 1969–1979. Stuttgart 1981. S. 56–94.
- Goethes herrlich leuchtende Natur. Philosophische Studie zur deutschen Spätaufklärung. München 1984.
Schwarz, Hermann: Der Gottesgedanke in der Geschichte der Philosophie. Heidelberg 1913. [Zu Bruno: S. 508–553.]
Steenberghen, Fernand van: Die Philosophie im 13. Jahrhundert. Hrsg. von Max A. Roesle. München 1977.
Stern, Fred B.: Giordano Bruno. Vision einer Weltsicht. Meisenheim am Glan 1977.
Tisini, Tayeb: Die Materieauffassung in der islamisch-arabischen Philosophie des Mittelalters. Berlin 1972.
Védrine, Hélène: La conception de la nature chez Bruno. Paris 1967.
Yates, Frances A.: Giordano Bruno and the Hermetic Tradition. London 1964.

*

Eine ausführliche italienische Bruno-Bibliographie ist enthalten in:
Garin, Eugenio: Storia della filosofia italiana. Bd. 2. Torino ²1978.

Nachwort

Giordano Bruno als Wegbereiter eines spekulativen Materialismus

»Es war die größte progressive Umwälzung, die die Menschheit bis dahin erlebt hatte, eine Zeit, die Riesen brauchte und Riesen zeugte, Riesen an Denkkraft, Leidenschaft und Charakter, an Vielseitigkeit und Gelehrsamkeit. Die Männer, die die moderne Herrschaft der Bourgeoisie begründeten, waren alles, nur nicht bürgerlich beschränkt.«[1] Mit diesen berühmten Worten charakterisiert Engels in seiner *Dialektik der Natur* die Epoche des Humanismus und der Renaissance, in der nicht nur die Künste – vor allem Italiens – zu unerhörter Blüte gelangten, sondern auch die soziologischen Voraussetzungen der Neuzeit insgesamt entstanden. Engels erinnert an die geographischen, ökonomischen und kulturellen Hauptmomente dieses Prozesses: »Die Schranken des alten Orbis terrarum wurden durchbrochen, die Erde wurde eigentlich jetzt erst entdeckt und der Grund gelegt zum späteren Welthandel und zum Übergang des Handwerks in die Manufaktur, die wieder den Ausgangspunkt bildete für die moderne große Industrie. Die geistige Diktatur der Kirche wurde gebrochen; die germanischen Völker warfen sie der Mehrzahl nach direkt ab und nahmen den Protestantismus an, während bei den Romanen eine von den Arabern übernommene und von der neuentdeckten griechischen Philosophie genährte heitre Freigeisterei mehr und mehr Wurzel faßte und den Materialismus des 18. Jahrhunderts vorbereitete.«[2]

Engels rechnet Giordano Bruno zu »den großen Italienern, von denen die neuere Philosophie datiert«, und er weist nachdrücklich darauf hin, daß diese sich im Bunde mit einer

1 Karl Marx / Friedrich Engels, *Werke*, Bd. 20, Berlin 1968, S. 312.
2 Ebd., S. 311 f.

Naturforschung herausbildete, die »durch und durch revolutionär« war; »hatte sie sich doch das Recht der Existenz zu erkämpfen«[3]. Wenn Engels die *italienischen* Anfänge der modernen Philosophie hervorhebt, so ist das keineswegs selbstverständlich. Das Denken der Renaissance gehört zu jenen Blochschen »Zwischenwelten der Philosophiegeschichte«[4], die bisher von den Historikern ungenügend beachtet wurden. Man übersah seine Eigenständigkeit und reduzierte es auf eine »kleine Einleitung zur Hauptsache«[5]: zum Cogito des Descartes als eigentlichem Beginn neuzeitlichen Philosophierens. Gerade an Giordano Bruno läßt sich lernen, daß dem nicht so ist. Sein naturenthusiastisches Werk, unmittelbar vorbereitet durch Autoren wie Marsilio Ficino (1433–99), Pietro Pomponazzi (1462–1525), Pico della Mirandola (1463–94), Bernardino Telesio (1508–88) und Francesco Patrizi (1529–97), resümiert die wichtigsten Heterodoxien der Zeit und verleiht ihnen Folgerichtigkeit. Es bildet den Höhepunkt des ausgehenden, bereits gegenreformatorischem Druck ausgesetzten Renaissance-Denkens. Bloch, der bislang bedeutendste Interpret und Fortbildner Brunos, kennzeichnet dessen Philosophie folgendermaßen: »Mit Bruno tritt ein Minnesänger kosmischer Unendlichkeit [...] auf, bezeichnend für die fast durchgängige *weltimmanente* Durchbrechung der Endlichkeit wie für die aktive Belebung des Transzendierenden und den Abbruch der Transzendenz durch die Renaissance. [...] Brunos Philosophie war ein [...] neues Bekenntnis zum Diesseits nach der langen Jenseitigkeit des Mittelalters, auch der Spätantike. Seine Philosophie stellt sich so dar, als hätte es nie ein Christentum gegeben, weshalb sie dagegen nicht einmal polemisiert. Sie stellt sich aber auch so dar, als hätte es nie die heidnische Weltflucht der Spätantike gegeben. In ihrem Lebensgefühl [...] schließt

---

3 Ebd., S. 313.
4 Ernst Bloch, *Zwischenwelten in der Philosophiegeschichte. Aus Leipziger Vorlesungen*, Frankfurt a. M. 1977, vgl. S. 17 f.
5 Ebd., S. 178.

sie an die ionische und sizilianische vorsokratische Philosophie an. Das war dem im alten Großgriechenland geborenen, dem Nolaner Bruno auch bewußt; denn er nennt die vorsokratischen Philosophen Brüder und preist sie als vermeintliche Zeugen der gleichen Wahrheit.«[6]

Mit Recht rückt Bloch den Gedanken der – kosmischen wie göttlichen – Unendlichkeit ins Zentrum seiner Interpretation Brunos, der seine Lehre am 2. Juni 1592 vor dem Inquisitionsgericht in Venedig wie folgt gekennzeichnet hat: »Ich halte das Weltall für unendlich als Schöpfung einer unendlichen göttlichen *Allmacht*, weil ich es der göttlichen Güte und Allmacht für unwürdig halte, daß sie eine endliche Welt erschaffen hätte, wenn sie noch neben dieser Welt eine andere und unzählige andere erschaffen konnte. So habe ich denn erklärt, daß es unzählige Welten gibt ähnlich dieser Erde.«[7] – Es ist also der philosophische Begriff Gottes, der Bruno das erste Argument zugunsten der Unendlichkeit des Universums liefert.

Zwein unter seinen zahlreichen Vorläufern weiß Bruno sich am tiefsten verpflichtet: Nikolaus von Kues (1401–64) und Nikolaus Kopernikus (1473–1543). Sie leiten ein, was der Wissenschaftshistoriker Koyré den Übergang von der »geschlossenen Welt« zum »unendlichen Universum« genannt hat. Der Kusaner, einer der ersten Deutschen, die sich den neuerwachten Studien der Antike anschließen, entwickelt kühne kosmologische Vorstellungen, die Koyré so zusammenfaßt: »Er verwirft die Ansicht vom hierarchischen Aufbau des Universums; insbesondere bestreitet er, daß die Erde jene extrem niedrige und verachtenswerte – wie auch zentrale – Stellung einnimmt, die ihr von der traditionellen Kosmologie zugewiesen wurde.«[8] Im unendlich vielgestal-

---

6 Ebd., S. 178; 193. (Hervorhebung von Bloch.)
7 Giordano Bruno, *Gesammelte Werke*, hrsg. von Ludwig Kuhlenbeck, Bd. 6, Jena 1909, S. 174. (Hervorhebung von Bruno.) – Die sechsbändige, von Kuhlenbeck veranstaltete und übersetzte Ausgabe Brunos ist noch immer die einzige, die in deutscher Sprache verfügbar ist.
8 Alexandre Koyré, *Von der geschlossenen Welt zum unendlichen Universum*, Frankfurt a. M. 1969, S. 28.

tigen Universum des Kusaners gibt es »kein Zentrum der Vollkommenheit, auf das bezogen das übrige Universum eine untergeordnete Rolle spielen würde; im Gegenteil, gerade weil die verschiedenen Bestandteile des Universums [...] ihr eigenes Wesen behaupten, tragen sie zur Vollkommenheit des Ganzen bei«.[9] Da die ontologische Struktur der Welt überall die nämliche ist, drückt sie auch allerorts auf zeitliche, das heißt vergängliche Weise die unwandelbare Vollkommenheit des Schöpfers aus. Nikolaus von Kues überschreitet – wenn auch keineswegs konsequent – den Rahmen des mittelalterlichen Weltbilds. Das ›Omnia ubique‹ seiner Schrift *De docta ignorantia* (1440) streift den Pantheismus, ohne ihn wirklich auszusprechen.[10] Hinsichtlich der Erkenntnis Gottes verhält unser Verstand sich zur Wahrheit wie das Polygon zum Kreise. Obgleich die Welt nicht unendlich ist, bleibt es uns versagt, ihre Grenzen zu bestimmen. Über solche Gegensätze gelangt menschliches Denken nicht hinaus.

Demgegenüber bedeutet die Leistung des Kopernikus einen wesentlichen Schritt nach vorn. Sein epochemachendes Werk *De revolutionibus orbium coelestium libri VI* (1543) wirft, wie Engels sich ausdrückt, »der kirchlichen Autorität in natürlichen Dingen den Fehdehandschuh«[11] hin. Mit ihm beginnt die »Emanzipation der Naturforschung von der Theologie«[12]. Wohl bleibt bei Kopernikus Gott als vernünftiger Urheber einer harmonischen Ordnung der Dinge unangetastet. Indem er aber die Rolle Gottes in wissenschaftlichen Fragen nur noch gering veranschlagt, bereitet er den Deismus des Zeitalters der Aufklärung vor. In *De revolutionibus* spricht Kopernikus den umwälzenden Grundgedanken der heliozentrischen Astronomie aus, daß sich nicht die Himmel, sondern die Weltkörper – er denkt zunächst an die Erde – bewegen. Dies anzunehmen scheint ihm freilich nicht nur

9 Ebd., S. 29.
10 Vgl. dazu Bloch, *Zwischenwelten in der Philosophiegeschichte*, S. 171.
11 Engels, »Dialektik der Natur«, in: Marx/Engels, *Werke*, Bd. 20, S. 313.
12 Ebd.

physikalisch geboten, sondern auch deshalb, weil »der Zustand der Unbeweglichkeit für edler und göttlicher gehalten wird, als der der Veränderung und Beständigkeit, welcher letztere deshalb eher der Erde, als der Welt zukommt«[13]. Im Sinn pythagoreischer Tradition weist Kopernikus der höchste Vollkommenheit verkörpernden, Licht und Leben spendenden Sonne eine zentrale Position im Ganzen zu und kehrt damit die aristotelisch-scholastische Rangfolge um. Allerdings ist auch die kopernikanische Welt noch *endlich*, weil umgeben von der Sphäre der Fixsterne. Sie bildet, wie Kopernikus hervorhebt, denjenigen »Ort des Universums, auf welchen die Bewegung und Stellung aller übrigen Gestirne bezogen wird«[14].

Kopernikus, der die kosmologische Wende herbeiführt, begnügt sich mit dem Gedanken der Unermeßlichkeit der Welt; er zögert, die Himmelsdecke zu sprengen und die Sphäre der Fixsterne aufzulösen in die Sonnensysteme des grenzenlosen Raums. Dieser Schritt wird von Bruno, dem eigentlichen Metaphysiker des modernen Weltbilds, vollzogen. Sein Dialog *Das Aschermittwochsmahl* (1584) enthält eine entschiedene Feier des Kopernikus, der zwar (gemessen an den radikaleren Hypothesen schon des Kusaners hinsichtlich der Unendlichkeit der Welt) ein wenig bedächtig vorgegangen war, aber doch eine neue, überaus folgenreiche Astronomie herbeigeführt hatte. Hier bestimmt Bruno sein Verhältnis zu Kopernikus folgendermaßen: »Er war ein ernster, arbeitsamer und reifer Geist; er steht keinem Astronomen nach, der vor ihm gelebt hat, an natürlichem Scharfsinn überragt er bei weitem einen Ptolemäus, Hipparch, Eudoxus und alle anderen, welche derselben Spur nachgegangen sind. Nachdem er sich von einigen falschen Voraussetzungen der vulgären Philosophie [...] befreit hatte, ist er der Wahrheit sehr nahe gekommen [...], ohne sie ganz zu erreichen; denn

---

13 Zit. nach: Koyré, *Von der geschlossenen Welt zum unendlichen Universum*, S. 38.
14 Ebd., S. 40.

er war mehr Mathematiker als Naturforscher [...]. Immerhin wer wird nicht [...] den Hochsinn dieses Deutschen loben können, welcher [...] die längst verworfenen und verwitterten Bruchstücke der antiken Wissenschaft wieder zusammenlas, reinigte und zusammenfügte, um sie zur Grundsteinlegung eines wissenschaftlichen Neubaues zu verwenden [...]. So hat dieser Deutsche, obwohl es ihm an ausreichenden Mitteln fehlte, durch die er die falsche Lehre nicht nur hätte bekämpfen, sondern auch völlig besiegen [...] können, immerhin festen Fuß gefaßt in dem offenen Bekenntnis, daß man notwendig schließen müsse, daß weit eher diese Erde sich bewege im Verhältnis zum Weltall, als daß die Gesamtheit [...] zahlloser Weltkörper [...] in Widerspruch mit der Natur, Vernunft und ihrer völlig wahrnehmbaren Bewegung diese Erde als Grund und Schwerpunkt ihrer Kreisbewegungen respektieren müsse. Wer möchte [...] so [...] undankbar sein, um nicht anzuerkennen, daß dieser Mann von den Göttern gewissermaßen als die Morgenröte eines besseren Tages vorausgesandt ist, um dem Sonnenaufgange der wahren alten Philosophie vorauszugehen, die lange Jahrhunderte in den dunklen Schachten [...] anmaßender und neidischer Unwissenheit begraben gewesen ist.«[15]

In berechtigtem Selbstbewußtsein formuliert Bruno – in Nachfolge und Kritik Kopernikus verbunden – die Grundlagen seiner Lehre von der Einheit und Unendlichkeit der Welt. Dabei tritt sein spezifisches Interesse hervor, die neue Astronomie *philosophisch* zu rechtfertigen. »Der Nolaner«, sagt er von sich selbst, »hat [...] den Menschengeist und die Wissenschaft befreit, die in einem engen, dumpfen Kerker eingeschlossen waren, von wo aus sie kaum durch einige vergitterte Fenster die fernsten Sterne schauen konnten, wo ihre Fittiche beschnitten waren, damit sie nicht durch den Wolkenschleier dringen und das erschauen könnten, was sich jenseits dessel-

---

15 Bruno, *Gesammelte Werke*, Bd. 1, Leipzig 1904, S. 50 f.

ben befindet. [...] Da war *er* es, der [...] in den Himmel eindrang, die Grenzen der Welt überschritt, die phantastischen [...] Mauern der Sphären [...] verschwinden machte; er war es, der mit [...] eifriger Forschung das Gefängnis der Wahrheit aufschloß, das verschleierte Angesicht der Natur enthüllte [...]; der uns die Augen geöffnet, jene Gottheit zu erkennen, die unsere Mutter ist, die uns [...] aus ihrem Schoße hervorgebracht hat, in den sie uns immer von neuem zurücknimmt; der uns lehrt, daß auch sie ein beseelter Körper und nicht die geringste unter den Welten ist.«[16]

Koyré betont, daß der Dialog *Das Aschermittwochsmahl* die beste (vor Galilei verfaßte) Widerlegung der klassischen Argumente gegen die Bewegung der Erde liefert[17], die übrigens – worauf Bruno ausdrücklich hinweist – auch derjenige verfechten könnte, der »die Sonne für den Mittelpunkt des Weltalls« hält, »wie dies Kopernikus und [...] andere glaubten, die das Weltall für eine endliche begrenzte Größe hielten«[18]. Bruno dagegen lehrt die Unendlichkeit des Universums, weshalb er »keinen einzigen Körper in demselben für dessen Mittelpunkt« erachtet, »sondern im Universum nur relative Mittelpunkte und Grenzen mit Beziehung auf bestimmte Körper«[19] annimmt. Da die Welt Wirkung einer unendlichen Ursache und eines unendlichen Prinzips ist, muß sie auch hinsichtlich ihrer »körperlichen Seinsart«[20] unendlich groß sein. »Und ich bin überzeugt«, fügt Bruno dem hinzu, daß niemand »auch nur einen halb wahrscheinlichen Beweis dafür aufstellen [wird], daß dieses körperliche Universum einen Rand und eine Grenze habe und daß somit die Gestirne, die es in seinem Schoß vereint, eine begrenzte Anzahl ausmachen«[21]. Mit der Endlichkeit der Welt wird

---

16 Ebd., S. 53; 54. (Hervorhebung von Bruno.)
17 Vgl. Koyré, *Von der geschlossenen Welt zum unendlichen Universum*, S. 46.
18 Bruno, *Gesammelte Werke*, Bd. 1, S. 98.
19 Ebd.
20 Ebd., S. 99.
21 Ebd.

auch der Gedanke hinfällig, sie habe »ein wirkliches Zentrum und einen Schwerpunkt«[22].

Stellt der Kusaner lediglich die Unmöglichkeit fest, irgendwelche Grenzen der Welt auszumachen, so ist Bruno von ihrer Unendlichkeit schlechterdings überzeugt. Während seine Lehrmeister einschließlich des Kopernikus sich mit astronomischen Fachfragen herumschlagen, entwirft Bruno eine grandiose, die scholastische Kosmologie zertrümmernde Weltansicht. Gott, so argumentiert er, mußte aus eigener Notwendigkeit ein unendliches Universum schaffen, um sich in ihm zu entfalten. Das aus späterer Sicht immer wieder aufgeworfene Problem, daß mit der Dezentrierung der Erde auch der Mensch seine »einzigartige und privilegierte Position im theo-kosmischen Drama der Schöpfung«[23] einbüßt, worin er Hauptakteur und höherer Zweck gewesen war, berührt Bruno und seine Mitstreiter nicht. Nihilistische Verzweiflung ist ihnen noch fremd. Mit poetischer Glut verkündet Bruno einen metaphysischen Optimismus, der sich des Berstens der Sphären, der offenen Horizonte, des goldenen Überflusses der Welt erfreut.

»So mögen wir denn«, heißt es im *Aschermittwochsmahl*, »diese Hunderttausende von Gestirnen und Gottheiten erkennen, die alle der Ehre des ersten, allgemeinen und ewigen Schöpfers dienen. Unser Verstand wird nicht mehr eingeklammert sein in dem Block der phantastischen acht, neun oder zehn beweglichen Beweger. Wir werden einsehen, daß es nur *einen* Himmel, eine unendliche Ätherregion gibt, in der diese herrlichen Lichter ihre ihnen gesetzten Entfernungen wahren und am ewigen Leben teilnehmen.«[24] Und im Dialog *Vom Unendlichen, dem All und den Welten* (1584), der sich gegen die geozentrische Kosmologie des Aristoteles

---

22 Ebd. – Vgl. hierzu auch Ernst Bloch, *Das Prinzip Hoffnung*, Frankfurt a. M. 1959, S. 994; ferner Koyré, *Von der geschlossenen Welt zum unendlichen Universum*, S. 47 ff.
23 Ebd., S. 49.
24 Bruno, *Gesammelte Werke*, Bd. 1, S. 54 f.

absetzt, schreibt Bruno: »Denn wir kennen eine Welt, in der stets das eine Ding dem andern nachrückt, ohne daß es einen letzten Abgrund gäbe, in dem sie unwiederherstellbar gleichsam den Händen des Baumeisters entsinken und dem Nichts verfallen müßten. Es gibt keine Ränder und Grenzen, keine Schranken und Mauern, die uns betrögen um die unendliche Fülle der Dinge und das Dasein denselben entzögen. [...] Nicht eitel ist daher das Vermögen des Geistes, immer Raum an Raum zu fügen, Masse zu Masse, Einheit zur Einheit, Zahl zur Zahl, mit Hülfe der Wissenschaft, die uns von den Ketten einer so engen Herrschaft erlöst und uns zu freien Bürgern eines so herrlichen Reiches befördert, uns von eingebildeter Armut befreit und mit den unzählbaren Reichtümern dieses unermeßlichen Raumes [...] beglückt.«[25]

Die materialistischen (und positivistischen) Freidenker des ausgehenden neunzehnten und beginnenden zwanzigsten Jahrhunderts haben Bruno als Märtyrer der Geistesfreiheit gefeiert. Unter ›Monisten‹ wurde es üblich, sich auf ihn zu berufen. Bruno galt als Vorläufer der modernen Naturwissenschaft. Das war – zunächst – berechtigt; denn seine Schriften sind erfüllt vom Pathos rastlosen Forschens, wie es für Gelehrte der frühen Neuzeit – man denke nur an den geistesverwandten Paracelsus – charakteristisch ist. »Bruno«, schreibt sein Biograph Kirchhoff, »[formulierte] eine Fülle von naturwissenschaftlichen Erkenntnissen als erster [...], ohne jemals ein Experiment durchgeführt oder ein Fernrohr benutzt zu haben (weil es dieses Instrument noch nicht gab).«[26] Kirchhoff erwähnt folgende Beispiele: »Bruno war der erste, der [...] die Fixsterne als Sonnen erkannte. Er entdeckte als erster in aller Klarheit die polare Abplattung der Erde. Er wies darauf hin, daß es hinter dem Saturn noch weitere Planeten geben müsse, zweihundert Jahre vor der Entdeckung des Uranus (1781). [...] Auch hat der Nolaner im Ansatz [...] die drei Keplerschen Gesetze vorweggenom-

---

25 Bruno, *Gesammelte Werke*, Bd. 3, Jena 1904, S. 22; 23.
26 Jochen Kirchhoff, *Giordano Bruno*, Reinbek bei Hamburg 1980, S. 11.

men: Er wich als erster von der Vorstellung ab, [...] daß Planeten einer gleichförmigen Kreisbewegung um die Sonne unterworfen sind.«[27]

Andererseits ist klar, daß sich Brunos Leistung in diesen – fraglos beachtlichen – Beiträgen zur modernen Astronomie keineswegs erschöpft. Als Philosoph der heliozentrischen Lehre geht er aufs Ganze und entwirft mit Kühnheit und synthetischer Kraft eine ebenso einheitliche wie aus verschiedensten Quellen gespeiste Naturphilosophie. Elemente der platonischen, neuplatonisch-mystischen, aristotelischen und stoischen Tradition verbinden sich hier mit solchen, die auf vorsokratische Lehren und den antiken Materialismus zurückverweisen. Auf die – spannungsvolle – Vielheit dieser Quellen spielt Mauthner an, wenn er von der »halb wissenschaftlichen, halb phantastischen Entdeckung des Kopernikus«[28] durch Bruno spricht, für den Natur nicht im Beobacht-, Meß- und Berechenbaren aufgeht.

Bruno zufolge bleibt Kopernikus hinter der revolutionären Tragweite seines Weltsystems gerade deshalb zurück, weil er »mehr Mathematiker als Naturforscher«[29] ist. Anderswo, ebenfalls im *Aschermittwochsmahl*, sagt Bruno: »Denn was die Lehre des Kopernikus betrifft, so ist diese zwar für Rechnungen bequem, doch alles, was die naturwissenschaftliche Seite der Sache betrifft, die mir die Hauptsache ist, scheint noch keineswegs [...] genügend entwickelt zu sein.«[30] Und im Dialog *Vom Unendlichen, dem All und den Welten* heißt es: »Daher ist es, wo wir [...] in rein naturwissenschaftlichem Sinne sprechen, unnötig, uns auf mathematische Phantasien einzulassen.«[31] Die angeführten Stellen dürften hinlänglich belegen, daß für Bruno Naturforschung und -wis-

27 Ebd.
28 Fritz Mauthner, *Der Atheismus und seine Geschichte im Abendlande*, Bd. 2, Stuttgart/Berlin 1921, S. 47.
29 Bruno, *Gesammelte Werke*, Bd. 1, S. 50.
30 Ebd., S. 126; vgl. zu Brunos Einschätzung des Kopernikus auch Frances A. Yates, *Giordano Bruno and the Hermetic Tradition*, London 1964, S. 235 ff.
31 Bruno, *Gesammelte Werke*, Bd. 3, S. 93.

senschaft (die er von vornherein mit philosophischer Spekulation verknüpft) und Mathematik einen unüberbrückbaren Gegensatz bilden. Ohne ihren – begrenzten – Nutzen zu leugnen, warnt der Nolaner davor, quantifizierende Verfahrensweisen zu verabsolutieren; letztlich bestreitet er ihren Erkenntniswert.

Für Bruno, betont Kirchhoff mit Recht, ist der Schritt über den »Geozentrizismus« hinaus ein »Akt naturphilosophischen Ganzheitsdenkens, nicht aber ein Ergebnis physikalisch-analytischer Forschung«[32]. Da er sich den Kosmos eher am Bilde eines Kunstwerks oder Organismus vorstellt als an dem einer Maschine, widersetzt sich Bruno dem Anspruch der Mathematik, nur sie erfasse das »objektive Wesen«[33] der Dinge. Anders Galileo Galilei (1564–1642), der bedeutende Zeitgenosse Brunos. Auf ihn geht recht eigentlich die *methodische* Begründung neuzeitlicher Naturwissenschaft zurück. Er verbindet experimentell erworbenes Wissen mit mathematischer Theorie. Exaktes Forschen zielt darauf ab, Maßbestimmungen der Bewegung von Körpern zu ermitteln. Das wahrhaft »Wirkliche« ist bloß in quantitativen Relationen ausdrückbar; es gibt keine *qualitates occultae*. Aber auch die Sinnesqualitäten – hierin erneuert Galilei den Demokritismus – sind wissenschaftlich unerheblich. Was dem wahrnehmenden Bewußtsein jeweils als Eigenschaft der Dinge selbst erscheint, ist »subjektiv«. Faktisch haben wir es immer nur mit Funktionen meßbarer Größen zu tun. Galileis Astrophysik entwirft die Grundbegriffe kausal-mechanischen Denkens, die in der Folge auf alle anderen Zweige der Naturwissenschaft übertragen werden.[34]

[32] Kirchhoff, *Giordano Bruno*, S. 16.
[33] Ebd., S. 18.
[34] Vgl. zu Galileis Wissenschaftsbegriff aus traditioneller Sicht Wilhelm Windelband, *Die Geschichte der neueren Philosophie*, Bd. 1, Leipzig 1907, S. 89 ff.; ferner Kirchhoff, *Giordano Bruno*, S. 7 ff. – Kirchhoff, der die ökologische Problematik der Gegenwart als Konsequenz der von Galilei entworfenen Methodologie ansieht, steht dem »Erkenntnis- und Machtanspruch der mathematischen Naturwissenschaft« einigermaßen distanziert gegenüber.

Verglichen mit Galilei, der zwar vom göttlichen Baumeister des Universums spricht, dieses aber, ohne ihn weiter zu erwähnen, in der selbstgenügsamen Sprache der Mathematik auslegt, ist Bruno ein unruhiger Schwarmgeist, der wesentlich vom Absoluten her denkt. So heißt es im Dialog *Vom Unendlichen, dem All und den Welten*, die »Unendlichkeit Gottes« sei durchaus zu unterscheiden von der »Unendlichkeit der Welt«. Denn Gott, fährt Bruno fort, ist das »ganze All«, gedacht als Totalität, »das Welt-All dagegen ist Alles [...] nicht völlig und schlechthin. Der Gottesbegriff hat die Funktion der Begrenzung, die Welt steht aber zu Gott nicht im Verhältnis des Endlichen zum Unendlichen, sondern die Welt ist unendlich, und Gott ist ihr Umfasser im Sinne der vollkommenen Gesamtheit und des völligen Seins in allem anderen, was zwar für sich als Ganzes genommen auch unendlich ist, aber doch nicht [...] in jeder Hinsicht absolut unendlich [...]. Ich nenne das All [...] unendlich, weil es ohne Rand ist, keine Schranke, keine Oberfläche hat; ich sage aber: das All ist nicht absolut und völlig unendlich, weil jeder Teil, den wir von ihm erfassen können, begrenzt und jede einzelne der unzähligen Welten, die es in sich begreift, begrenzt ist. Ich nenne Gott in seiner Ganzheit unendlich, weil er jegliche Grenze von sich ausschließt und jedes seiner Attribute einzig und unendlich ist, und ich nenne Gott absolut und völlig unendlich, weil er überall ganz ist in der ganzen Welt und in jedem ihrer Teile unendlich und völlig allgegenwärtig ist, – im Gegensatz zur Unendlichkeit des Weltalls, welches [...] vollkommen nur im ganzen ist und nicht in jedem seiner Teile, wenn überall mit Bezug auf das Unendliche das ein Teil genannt werden darf, was wir von ihm erfassen können.«[35]

Diese Erwägungen Brunos zeigen, daß die gängige Redeweise, er sei »Pantheist«, der Korrektur bedarf; sie stellen die intensive Unendlichkeit Gottes als der *natura naturans* über

---

35 Bruno, *Gesammelte Werke*, Bd. 3, S. 40 f; 41.

die extensive Unendlichkeit der Welt (*natura naturata*). Gott wird hier »panentheistisch« verstanden: als »Umfasser« des Kosmos, der in jedem seiner Teile »unendlich und völlig allgegenwärtig« ist. Er ist »Alles in allem«[36]. Gott begrenzt die Welt, ohne daß diese ihm – darin weicht Bruno ab von der Kirchenlehre – »im Verhältnis des Endlichen zum Unendlichen« gegenübersteht. Auch das räumlich ausgedehnte Universum ist unendlich – jedoch »nur im ganzen und nicht in jedem seiner Teile«. Deshalb sind Gott und Welt keineswegs unmittelbar identisch. Andererseits ist das sie Trennende Bruno zufolge aufgehoben in Gott selbst als der höchsten Einheit des Gegensatzes seiner und der Welt.

Sobald wir freilich näher auf die Themen der Brunoschen Philosophie eingehen, wird deutlich, daß auch deren herkömmliche, »pantheistische« Interpretation, an die Bloch anknüpft, berechtigte Momente enthält. Das »vollendete Kunstwerk« Welt, schreibt Bloch, »weist auf den großen Künstler, auf ein Göttliches – weltimmanent und werkmeisterlich [...] im Inneren der Natur selber«[37]. Fraglos liegt die von Bloch hervorgehobene »stofflich-immanente«[38] Sicht des Nolaners auf der Linie einer zwar materialistischen, aber keineswegs notwendig mechanistischen Tradition, die Welt aus ihr selbst zu erklären. Wie die frühgriechischen, von ihm geschätzten Philosophen hält Bruno sich an ein begründend Erstes, das aller (stets bloß gedanklich vollziehbaren) Trennung von »Ideellem« und »Materiellem« vorausliegt: die lebendige, ewig pulsierende Natur.

Obgleich Bruno die erst im siebzehnten Jahrhundert, zumal bei Galilei, sich durchsetzende lückenlose »Mathematisierung« des naturwissenschaftlichen Denkens noch nicht kennen konnte, klingen seine Vorbehalte gegenüber der Mathematik häufig so, als seien sie unmittelbar gegen Galilei

---

36 Ebd., S. 41.
37 Bloch, *Das Prinzip Hoffnung*, S. 995.
38 Ebd., S. 993.

gerichtet.³⁹ »Man muß messen«, so lautet dessen Credo, »was meßbar ist und meßbar machen, was zunächst nicht meßbar ist.«⁴⁰ Demgegenüber bevorzugt Bruno *qualitative* Begriffe. Naturphilosophische Ansprüche der mathematischen Astronomie läßt er nicht gelten, weil diese für ihn selbst noch »ein zu überwindendes Element der geozentrischen Weltsicht«⁴¹ ist. Einzelwissenschaftlich formulierte Hypothesen können kosmische Phänomene niemals erfassen.
Bruno widersteht bereits den Anfängen einer die Natur restlos objektivierenden, auf Herrschaftswissen abzielenden Denkweise, deren lebensfeindliche Auswirkungen heute allerorts sichtbar werden.⁴² Dabei kommt ihm zugute, daß in seinem Jahrhundert der weltgeschichtliche Sieg quantifizierender Naturwissenschaft sich zwar schon abzeichnet, aber noch angefochten wird durch qualitative, oft hermetisch-mystische Lehren. Man mag sie wirr und phantastisch schelten. Aber sie versuchen, der Natur selbst zu Ausdruck und Sprache zu verhelfen, anstatt sie auf bloßes Material menschlicher Tätigkeit zu reduzieren. Auch der Materialismus ist zur Zeit Brunos noch nicht auf pure Mechanik festgelegt. Bei Bacon, schreibt Marx in der *Heiligen Familie*, »birgt« er »auf [...] naive Weise die Keime einer allseitigen Entwicklung in sich. Die Materie lacht in poetisch-sinnlichem Glanze den ganzen Menschen an.«⁴³ Besondere Aufmerksamkeit widmet Marx dem subjekthaft-produktiven, schöpferischen Moment, das Bacon, aber auch Paracelsus und Böhme der Natur zusprechen: »Unter den *der Materie* eingebornen Eigenschaften ist die *Bewegung* die erste und vorzüglichste, nicht nur als *mechanische* und *mathematische* Bewegung, sondern mehr noch als *Trieb, Lebensgeist, Spannkraft*, als *Qual* – um den Ausdruck Jakob Böhmes zu gebrauchen – der

39 Vgl. dazu Kirchhoff, *Giordano Bruno*, S. 18.
40 Zit. nach: Johannes Hemleben, *Galilei*, Reinbek bei Hamburg 1983, S. 143.
41 Kirchhoff, *Giordano Bruno*, S. 20.
42 Vgl. dazu Alfred Schmidt, *Goethes herrlich leuchtende Natur. Philosophische Studie zur deutschen Spätaufklärung*, München/Wien 1984, S. 14 ff.
43 Marx/Engels, *Werke*, Bd. 2, Berlin 1959, S. 135.

Materie. Die primitiven Formen der letztern sind lebendige, individualisierende, ihr inhärente, die spezifischen Unterschiede produzierende *Wesenskräfte*.«[44] Daß auch Brunos Denken teilhat an dieser – von Bloch pointierten – »Renaissance-Dimension«[45] des frühbürgerlichen Materialismus bedarf nach dem Ausgeführten keiner Frage. In seiner 1586 vor der Pariser Akademie zur Verteidigung seiner Thesen unter dem bezeichnenden Titel *Der Erwecker* gehaltenen Rede heißt es: »So gelangen wir zu einer würdigeren Anschauung der Gottheit und dieser Mutter-Natur, die uns aus ihrem Schoße hervorbringt, erhält und wieder aufnimmt, werden fernerhin nicht mehr glauben, daß irgendein Körper ohne Seele sei, oder gar, wie manche lügen, daß die Materie nichts anderes sei, als eine Jauchegrube chemischer Stoffe.«[46]

Vollentfaltet wird dieser naturphilosophische Ansatz von Bruno in dem hier vorgelegten Dialog *Über die Ursache, das Prinzip und das Eine*. Er enthält Brunos Metaphysik und ist deshalb immer wieder als sein Hauptwerk betrachtet worden. Geschrieben und publiziert wurde er 1584 in London. Der ursprünglich angegebene Druckort Venedig ist fingiert und sollte wohl den Absatz der Schrift fördern; italienische Literatur war bei Hofe beliebt. Die dialogische Form folgt dem platonischen Vorbild nur äußerlich; sie ist, wie Bloch anmerkt, keine originäre »Gedankenentwicklung«, sondern »Einkleidung eines Inhalts, der auch ohne den Dialog da wäre«[47]. Das schließt freilich Lebendigkeit, komödiantischen Witz und scharfumrissene Gesprächsteilnehmer nicht aus.

Dem heutigen Leser bereitet die Eigenart der Werke Brunos gewisse Schwierigkeiten. Das gilt nicht nur von jenen, die

---

44 Ebd. (Hervorhebungen von Marx.)
45 Bloch, *Das Prinzip Hoffnung*, vgl. S. 996; vgl. hierzu auch Schmidt, *Goethes herrlich leuchtende Natur*, S. 17 ff.
46 Bruno, *Gesammelte Werke*, Bd. 6, S. 127.
47 Bloch, *Zwischenwelten in der Philosophiegeschichte*, S. 191.

sich mit entlegenen Gegenständen wie Magie, *ars combinatoria*, Gedächtniskunst oder Mythologie beschäftigen. Auch die sechs italienisch und einige der lateinisch verfaßten Schriften, die noch immer lesenswert sind, stellen hohe Anforderungen an das Verständnis. Sie enthalten manches zeitbedingt Polemische, unter anderem sarkastische Ausfälle gegen die auf Autoritäten sich berufende Schulgelehrsamkeit. Ungewohnt, mitunter störend sind ferner die meist lehrhaften, den Gang der Darstellung einleitenden oder unterbrechenden Gedichte sowie zahlreiche mythologische Anspielungen. Der oft redselige, weitschweifige, den Possenreißer spielende Nolaner erschwert es dem Leser seiner überfrachteten Texte, deren inneren Zusammenhang aufzuspüren und im Wust leidenschaftlich verkündeter Ideen diejenigen zu entdecken, die sein Lehrgebäude tragen.

Am ehesten noch erfüllt der Dialog *Über die Ursache, das Prinzip und das Eine* die Forderung nach Klarheit und Bündigkeit der Argumentation. Im Gegensatz zur damals aufkommenden Physik begnügt sich Bruno nicht damit, die Phänomene exakt zu »erklären« und »beschreibbar« zu machen, sondern postuliert ein Absolutes, das sie – als Prinzip – »in ihrem Sein begründet«[48]. Wodurch, so fragt er, wird die Welt zu einer in sich reich gegliederten Einheit, und welches sind die bewegenden, ihr innewohnenden Kräfte? Wie verhält sich die ungeheure Vielfalt des Seienden zum einheitlichen Weltgrund?[49]

Angesichts der ätzenden, überscharfen Kritik, die Bruno an der aristotelisch-scholastischen Tradition übt, ist es erstaunlich, daß er – als Metaphysiker – bei dem Versuch, jene Fragen im Einklang mit seiner Kosmologie zu beantworten, aus-

---

48 Paul Richard Blum, *Aristoteles bei Giordano Bruno. Studien zur philosophischen Rezeption*, München 1980, S. 15.
49 Vgl. Werner Beierwaltes, »Einleitung«, in: Giordano Bruno, *Von der Ursache, dem Prinzip und dem Einen*, übers. von Adolf Lasson und hrsg. von Paul Richard Blum, Hamburg 1982, S. XI.

drücklich an eben diese Tradition anknüpft.[50] Er ist nicht nur ein subtiler Kenner der Schriften des Aristoteles, sondern auch – worauf es hier ankommt – ihrer Rezeptions- und Wirkungsgeschichte. So bestimmt er zwar die Begriffe »Ursache« und »Prinzip« im Geiste der *Metaphysik*[51]: Gott ist Wirkursache, sofern er die Welt lenkt; Prinzip, sofern er sie von innen durchdringt, beseelt und gestaltet. Was indes »das Eine« betrifft: Gott als das (räumlich wie zeitlich) unendliche Universum selbst[52], so bestimmt es Bruno näher unter Rekurs auf die den Aristotelismus »naturalisierende« Tendenz jener Reihe arabisch-jüdischer und christlich-häretischer Philosophen des Mittelalters, die Bloch – in Analogie zur Hegelschen Linken – als »Aristotelische Linke«[53] bezeichnet. Die »Linie und Richtung«[54] ihres (im Laufe der Zeit immer folgerichtiger werdenden) pantheistisch-materialistischen Denkens, betont Bloch, führt »von Aristoteles nicht zu Thomas [...] und zum Geist des Jenseits, sondern zu Giordano Bruno und der *blühenden* Allmaterie«[55].

Was es mit letzterer auf sich hat, wird nur dann verständlich, wenn wir an das von Aristoteles in der *Metaphysik* dargelegte Verhältnis von Form und Materie (Stoff) erinnern, auf dessen Erörterung sich auch Brunos Dialog konzentriert. »Alles,

---

50 Beierwaltes (ebd., S. IX) hebt die »Ambivalenz« dieser Brunoschen Kritik hervor; sie zeigt sich, sagt er, »nicht zuletzt an der Einschätzung der aristotelischen Physik und Metaphysik; ihr stehen Brunos kosmologische Grundgedanken zwar entgegen, wesentliche Denkfiguren aber, die das Neue zu formulieren suchen, sind *ohne* sie nicht vorstellbar« (Hervorhebung von Beierwaltes).
51 Ebd., vgl. S. XII ff.
52 Vgl. V. Dialog, S. 130 ff.
53 Vgl. dazu Bloch, »Avicenna und die Aristotelische Linke«, in: E. B., *Das Materialismusproblem, seine Geschichte und Substanz*, Frankfurt a. M. 1972, S. 493; ferner *Das Prinzip Hoffnung*, S. 271 f. – Historisch näher untersucht wird die Frage einer antikirchlichen Rezeption des Aristoteles in Hermann Leys *Studie zur Geschichte des Materialismus im Mittelalter*, Berlin 1957; vgl. auch Tayeb Tisini, *Die Materieauffassung in der islamisch-arabischen Philosophie des Mittelalters*, Berlin 1972.
54 Bloch, *Das Materialismusproblem*, S. 493.
55 Ebd., S. 481. (Hervorhebung von Bloch.)

was wird«, sagt Aristoteles, »sei es von Natur, sei es durch Kunst, hat einen Stoff; denn es ist etwas da, was dieses Ding sein oder nicht sein kann, und das ist jedesmal sein Stoff.«[56] In ihm als der *prima materia* erblickt Aristoteles das – passive – Substrat des real Möglichen an den Dingen. Was diese zu wirklichen Einzeldingen erst macht, ist die »stofflose«[57], im Potentiellen entelechetisch sich ausprägende Wesensform (*forma substantialis*). Diese tritt jeweils zum unbestimmten Stoff hinzu, der ein natürliches Verlangen nach ihr hat.
Aristoteles zufolge ist die Form »Ursprung der Bewegung«[58]: des Übergangs von Möglichem in Wirkliches. Alle Einzeldinge bestehen aus Form und Stoff, weshalb sie dauerndem Wandel unterliegen. »Es gibt« jedoch, sagt Aristoteles, »etwas, das ewig das Bewegte in Bewegung hält und den ersten Beweger, der selbst unbewegt bleibt«[59]: die Gottheit. Sie transzendiert die physische Welt durch reine Aktualität, als *forma formarum*, ohne stofflichen Zusatz. »Was aber gar keinen Stoff hat«, hebt Aristoteles hervor, »ist ohne Einschränkung und wesentlich eine Einheit.«[60] Wie diese – als absolute Form – ein »ranghöheres Sein« darstellt als der Stoff, gefaßt als bloße Potentialität, »so ist sie [. . .] auch ranghöher als das« – aus Form und Stoff bestehende – »Gesamtding«.[61]
Dieser Dualismus zwischen einer einheitlichen Gottheit und einer (letztlich in sich dualen) Welt seiender Naturgegenstände, der sich terminologisch darin ausdrückt, daß *substantia* beides bedeuten kann: den göttlichen *actus purus*, die höchste Form, und das stets auf Materielles verwiesene Einzelding, ist von mittelalterlichen Interpreten des Aristoteles immer wieder beanstandet worden. »Und es ist lehrreich«,

---

56 Aristoteles, *Metaphysik*, hrsg., übertr. und in ihrer Entstehung erl. von Paul Gohlke, Paderborn 1951, S. 215; vgl. auch S. 203.
57 Ebd., S. 216.
58 Ebd., S. 46.
59 Ebd., S. 142.
60 Ebd., S. 264.
61 Ebd., S. 202.

schreibt Bloch, der sich darauf bezieht, »daß [...] die sich selbst verwirklichende Form (Entelechie), die bei Aristoteles noch dualistisch von der Materie getrennt wird, im gleichen Maße zurücktritt und selber materiell wird, wie zum Begriff der passiven Potentialität der der *aktiven Potenz* hinzutritt.«[62] Letzterer ist insofern schon in Aristoteles selbst angelegt, als er Fälle natürlichen Wachstums erwähnt, in denen das »Prinzip der Bewegung« bereits der Substanz innewohnt; aus einer Eichel kann nur eine Eiche entstehen, keine Linde.[63]

Die gelegentliche Annahme des Aristoteles, es könne eine »aktive Potenz« geben, hat wohl manche seiner Kommentatoren veranlaßt, die über ihn hinausgehende Lehre von den in der Materie schlummernden Formen zu entwickeln. So arbeitet Meister Eckhart, der um 1260 geborene Mystiker, den Gedanken der *Metaphysik* schärfer heraus, daß die Materie auf die Form hingeordnet ist. In jener liegt nicht nur eine besondere Bereitschaft für die fragliche Form, sondern diese selbst ist keimhaft schon in der Materie enthalten. »Im Reich der Natur«, sagt Eckhart, »kommt die Form des Entstandenen durch sein Entstehen in ihr Eigen, d. h. in den ihr eigenen Stoff.« Und, noch präziser: »Die Veränderung (*alteratio*) ist dazu und deswegen da, damit die in der Materie verborgene Wesensform (*substantialis forma latens in materia*) aus der Möglichkeit zur Wirklichkeit und so zur Kenntnis und Erkenntnis gelange.«[64]

Bei pantheistisch-materialistischen Philosophen wie Avicenna (980–1037), Averroës (1126–98), Amalrich von Bena (gest. um 1206) und seinem Schüler David von Dinant (gest. 1209) wird, wie Bloch den Sachverhalt ausdrückt, »die reale

---

62 Bloch, *Das Prinzip Hoffnung*, S. 271. (Hervorhebung vom Verf.)
63 Vgl. zu diesem Aspekt des Aristoteles sowie zu mittelalterlich-häretischen Umakzentuierungen der Form-Stoff-Lehre Ernst von Bracken, *Meister Eckhart und Fichte*, Würzburg 1943, S. 21 ff.; vgl. zu heterodoxen Auslegungen des Aristoteles insgesamt Fernand van Steenberghen, *Die Philosophie im 13. Jahrhundert*, hrsg. von Max A. Roesle, München 1977, Kap. 8 und 9.
64 Zitiert nach: von Bracken, *Meister Eckhart und Fichte*, S. 21.

Möglichkeit Materie zum gesamten Grund der Welt, und der göttliche Schöpfungswille ist stets ein Moment der Materie; ja, Gott und Materie werden identisch. Entwicklung ist bei Averroës ›*eductio formarum ex materia*‹, mit dem ›*dator formarum*‹ im Weltall selbst. So erscheint die Schöpfung – mit Wegfall jedes Dualismus – einzig als Selbstbewegung, Selbstbefruchtung der Gottmaterie; in ihr ist die Potentialität und zugleich die immanente Potenz, welche einen außerweltlichen Beweger überflüssig macht.«[65]

Diese – philosophiegeschichtlich selten gebührend beachtete – »Naturalisierung« des aristotelischen Weltbilds kommt bei Bruno zu sich selbst, für den die Erkenntnis der einheitlichen Natur Anfang, Mittelpunkt und Grenze alles Nachdenkens ist; er zögert nicht, sie mit Gott zu identifizieren: »*Natura est Deus in Rebus!*«[66] Seine monistische Philosophie setzt ohne theologische Vorbehalte Schöpfer und Schöpfung, *natura naturans* und *natura naturata* in eins; sie fallen zusammen in einer Materie, die Quelle, nicht nur Behälter oder Gefäß der Formen ist. Eindrucksvoll belegt wird dieser metaphysische Grundgedanke wiederum in Brunos Schrift *Über die Ursache, das Prinzip und das Eine*. Hier heißt es an berühmter Stelle: »Wir sehen, daß alle Formen der Natur aus der Materie entspringen und auch wieder in sie zurückkehren; daher scheint es wirklich nichts zu geben, was beständig, dauerhaft, ewig und als Prinzip zu gelten würdig wäre, außer der Materie. [...] Daher muß die Materie – immer fruchtbar und immer sich gleichbleibend – das besondere Vorrecht haben, als einziges substantielles Prinzip zu gelten [...]. Darum finden sich auch unter denjenigen, die das Wesen der Naturformen wohl durchdacht haben – soweit man dies aus Aristoteles und verwandten Denkern entnehmen kann – solche, die zuletzt die Schlußfolgerung gezogen haben, daß die Formen nur Akzidenzien und Bestimmungen der Materie sind, so daß das Vorrecht, als Aktus und Entelechie zu gelten,

---

65 Bloch, *Das Prinzip Hoffnung*, S. 272; vgl. zu Bruno auch ebd., S. 995 f.
66 Bruno, *Gesammelte Werke*, Bd. 2, Leipzig 1904, S. 219.

nur der Materie zuerkannt werden darf und nichts anderem, von dem wir in Wahrheit weder sagen können, daß es Substanz, noch, daß es Natur sei, sondern nur, daß es an der Substanz und an der Natur hervortritt. Diese selbst erklären sie zur Materie, die bei ihnen als notwendiges, ewiges und göttliches Prinzip gilt, wie bei jenem Mauren Avicebron, der sie den in allem waltenden Gott nennt.«[67]

Sosehr aus alldem folgt, daß Bloch die Brunosche Philosophie mit Recht als »pantheistischen Materialismus«[68] bezeichnet, so angebracht ist einige Vorsicht beim Gebrauch dieses Begriffs; denn das pantheistische Moment in Bruno ist keine entbehrliche, bloß emotionale Zutat, sondern reicht ins Zentrum dessen, was hier Vorrang der Materie und Materialismus heißt. Was dessen antike Vertreter Demokrit, Epikur und Lukrez anbelangt, die Bruno zuweilen lobend erwähnt, so ist ihm deren Gedanke einer All-Einheit wichtiger als die atomistische Theorie. Natur in kosmischer Fülle reduziert sich nicht auf Druck und Stoß, auf die mathematisch erfaßbare Ortsveränderung kleinster Stoffteilchen. Davon ist Bruno überzeugt. Daher auch sein Bestreben, das Recht der Natur ungeschmälert zu wahren, ohne sich einem unterschiedslos mechanisierenden Materialismus auszuliefern, der nur tote Materie kennt. »Die arme Materie«, unterstreicht Bloch, »die man grau nennt und plump, bleiern, tot und stumpfsinnig, wird gerettet von Giordano Bruno, indem er den vorsokratischen Blick als neuheidnischen in die Welt bringt und der Transzendenz das wegnimmt, was sie der Materie entwendet hat.«[69]

---

[67] In vorl. Ausg. S. 91.
[68] Bloch, *Zwischenwelten in der Philosophiegeschichte*, S. 198. – Hervorzuheben ist, daß auch ältere, ideologisch unverdächtige Historiker wie Eduard von Hartmann in seiner *Geschichte der Metaphysik* von »pantheistischem Naturalismus« und »Materialismus« bei Bruno sprechen (Bd. 1, Darmstadt 1969, S. 302; Nachdr. der Ausg. von 1899).
[69] Bloch, *Zwischenwelten in der Philosophiegeschichte*, S. 202. – Gerade auf diese antimechanistischen Aspekte der Brunoschen Philosophie (die man näher als organismisch, panvitalistisch oder hylozoistisch bezeichnen kann)

Brunos Philosophie – das wird leicht übersehen – steht quer zur traditionellen Unterscheidung von Materialismus und Idealismus. So bemängelt er an Demokrit und den Epikureern, daß sie behaupten, »nichts sei außer körperlich Seiendem«; Formen interpretieren sie als »akzidentelle Eigenschaften der Materie«[70], weshalb es ihnen nicht gelingt, sich über die »materielle Qualität«[71] zu erheben. Umgekehrt ist auch der vortreffliche Heraklit nicht über die »Seele« hinausgekommen.[72] Demgegenüber tastet Bruno nach einer Seinsgrundlage der Dinge, in der die »Körperlichkeit« des Geistigen ebenso aufgehoben ist wie die »Geistigkeit« des Körperlichen. Das verleiht nicht nur seiner Rezeption wie Kritik des Aristoteles ihren spezifischen Sinn, sondern erklärt auch seine (bis Schelling und Goethe fortwirkende) Terminologie.

Allgemeine, äußere Wirkursache ist für Bruno »der universale Intellekt«, der das »innerste [...] Vermögen [...] der Weltseele« bildet, die »die universale Form des Weltalls«[73] ist. Er bringt die Dinge der Natur so hervor wie die zwecktätige menschliche Vernunft. Bruno nennt ihn zugleich den »inneren Künstler«, weil er »die Materie von innen heraus

beruft sich Blochs – bedeutender – Versuch, den historisch-dialektischen Materialismus angemessener zu formulieren (vgl. *Das Prinzip Hoffnung*, S. 273 f.). Sofern freilich bei Bruno – im Sinn einer höchsten *coincidentia oppositorum* – im Ganzen der Welt Möglichkeit und Wirklichkeit zum Ausgleich gelangen, ergibt sich, so Bloch, »eine merkwürdige Unterbrechung in der Unendlichkeits-Perspektive Brunos selbst« (ebd., S. 995). Im Bann seines Wunschbilds »einer kosmisch vorhandenen Vollkommenheit« (ebd.) leugnet Bruno – das ist die Grenze seiner Philosophie – den unfertigen, unabgeschlossenen Charakter des dialektischen Weltprozesses. – »Entwicklungsgeschichtlich«, wie Wilhelm Dilthey Brunos Pantheismus nennt (vgl. W. D., *Gesammelte Schriften*, Bd. 2, Stuttgart 1957, S. 320 ff.), ist dieser lediglich *innerhalb* der Welt, in der es stets unverwirklichte Möglichkeiten gibt; als Ganzes dagegen ist Brunos Welt so unbeweglich wie der Gott des Aristoteles.

70 In vorl. Ausg. S. 81.
71 Ebd., S. 96.
72 Vgl. ebd.
73 Ebd., S. 56.

formt und gestaltet«[74]. Da es »keine Form gibt, die nicht von der Seele hervorgebracht wäre«[75], findet Bruno es statthaft auszugehen von einer allgemeinen Beseeltheit der Welt. Artefakte sind als solche unbeseelt. »[...] aber als natürliche und zusammengesetzte Dinge«, sagt Bruno, »haben sie in sich Materie und Form. Es mag etwas so klein [...] sein, wie es will, so hat es doch einen Teil von geistiger Substanz in sich, die – sobald sie ein geeignetes Substrat findet – zu einer Pflanze oder zu einem Tier sich entwickelt, indem sie Glieder eines wie auch immer gearteten Körpers ausbildet, der gemeinhin ›beseelt‹ genannt wird [...].«[76] Bruno beschließt diese Überlegungen mit dem Hinweis, daß man die Allgegenwart der »Weltseele« nicht »körperlich oder räumlich« verstehen darf: sie ist »auf geistige Weise überall ganz«[77].

An Aristoteles' Begriff der Materie beanstandet Bruno, daß er eher logisch als physisch konzipiert ist. Eine formlose Materie ist freilich eine ebenso unbrauchbare Abstraktion wie eine materielose Form. Aristoteles trennt mit dem Verstand, was »von Natur und in Wahrheit«[78] verbunden ist. Doch kommt er nicht umhin, bei der Betrachtung der Form immer auch auf die Materie einzugehen. Bruno will dies gründlicher tun. »Wie könnte die Weltseele«, so fragt er, »gestaltungsmächtig sein ohne das Substrat räumlicher Ausdehnung oder Quantität, das die Materie ist? Und wie könnte die Materie Gestalt gewinnen? Vielleicht durch sich selbst?«[79] Die Frage ist heikel. Das – so Brunos vorsichtige Antwort – kann nur behaupten, wer gewillt ist, das »gestaltete körperliche Ganze«[80] Materie zu nennen. Bruno bereitet die Vorstellung einer sich selbst formierenden Materie zunächst Kopfzerbrechen. Es muß für ihn stets beides geben: »ein rein substantielles Wir-

---

74 Ebd., S. 57.
75 Ebd., S. 62.
76 Ebd., S. 65.
77 Ebd., S. 73.
78 Ebd., S. 69.
79 Ebd., S. 82.
80 Ebd.

kendes« und »ein Vermögen«, wobei »in jenem die Möglichkeit« vorhanden sein muß »zu schaffen, in diesem die Möglichkeit, geschaffen zu werden«[81]. Dann aber setzt sich in Bruno allmählich der Gedanke durch, daß ohne Materie die – veränderlichen – Formen »kein Sein«[82] haben. Und er verlegt die – sich damit relativierende – Differenz von Formal- und Materialprinzip in die Materie selbst, die er nunmehr als (ebenso aktives wie passives) »Vermögen« und als »Substrat« bestimmt.[83] Die so verstandene Materie umfaßt neben der »Natur des Körperlichen« auch die »des Unkörperlichen«, wobei wir erwägen müssen, »daß man hinsichtlich der ewigen Dinge immer nur von *einer* Materie unter *einer* Wirklichkeitsform [*atto*] spricht, während sie hinsichtlich der veränderlichen Dinge immer bald die eine, bald die andere besitzt«.[84]

Der spekulative Materialismus, in den Brunos Dialog einmündet, identifiziert »Seinkönnen« mit »Sein«[85], Möglichkeit mit Wirklichkeit. Er entwirft, an der Schwelle des modernen Zeitalters, die Idee einer schlechthin entgrenzten, um ihrer selbst willen daseienden Natur. Sie ist abgesetzt gegen den Menschen, aber doch mit ihm versöhnbar.

Alfred Schmidt

---

81 Ebd., S. 81 f.
82 Ebd., S. 91.
83 Vgl. ebd., S. 97.
84 Ebd., S. 116. (Hervorhebung von Bruno.)
85 Ebd., S. 118.

Inhalt

Einleitungsschreiben 5

Giordano Nolano a i Principi de l'Universo
Giordano aus Nola an die Prinzipien des Universums . . . 19

Al proprio Spirto
An den eigenen Geist 20

Al Tempo
An die Zeit 21

De l'Amore
Über die Liebe 22

Causa, principio, et uno sempiterno
Über die Ursache, das Prinzip und das Eine 23

Erster Dialog 25

Zweiter Dialog 51

Dritter Dialog 75

Vierter Dialog 105

Fünfter Dialog 130

Anmerkungen 152

Daten zu Leben und Werk Giordano Brunos 169

Ausgewählte Literatur über Quellen, Gehalt und Wirkungsgeschichte der Brunoschen Philosophie 173

Nachwort: Giordano Bruno als Wegbereiter eines spekulativen Materialismus 176